AF094171

www.ingramcontent.com/pod-product-compliance
Lightning Source LLC
LaVergne TN
LVHW020442070526
838199LV00063B/4825
9789358728095

اخبار کی کہانی

(مضامین)

غلام حیدر

© Ghulam Haider

Akhbar Ki Kahani (Essays)
by: Ghulam Haider
Edition: February '2024
Publisher :
Taemeer Publications LLC (Michigan, USA / Hyderabad, India)

ISBN 978-93-5872-809-5
9 789358 728095

مصنف یا ناشر کی پیشگی اجازت کے بغیر اس کتاب کا کوئی بھی حصہ کسی بھی شکل میں بشمول ویب سائٹ پر اَپ لوڈنگ کے لیے استعمال نہ کیا جائے۔ نیز اس کتاب پر کسی بھی قسم کے تنازع کو نمٹانے کا اختیار صرف حیدرآباد (تلنگانہ) کی عدلیہ کو ہو گا۔

© غلام حیدر

کتاب	:	**اخبار کی کہانی** (مضامین)
مصنف	:	**غلام حیدر**
صنف	:	غیر افسانوی نثر
ناشر	:	تعمیر پبلی کیشنز (حیدرآباد، انڈیا)
سالِ اشاعت	:	۲۰۲۴ء
صفحات	:	۱۳۰
سرورق ڈیزائن	:	تعمیر ویب ڈیزائن

فہرست

	تعارف: بات - پیغام - خبر	6
(۱)	پہلا باب: چوتھی طاقت	9
(۲)	دوسرا باب: اخباروں کے بزرگ	21
(۳)	تیسرا باب: نئے اخبار	36
(۴)	چوتھا باب: ہندوستان اور اخبار	59
(۵)	پانچواں باب: بغاوت اور بغاوت کے بعد	84
(۶)	چھٹا باب: اخبار کی دنیا	110
(۷)	ساتواں باب: ملک کی مختلف زبانوں کے اخبار	129

تعارف: بات - پیغام - خبر

ہماری دنیا ترقی کی سیڑھیاں طے کرتی ہوئی آگے بڑھ رہی ہے۔ یہ ترقی سائنس کے میدان میں بھی ہوئی ہے اور ہمارے رہن سہن اور سماجی زندگی میں بھی۔ ایک طرف اگر ہم نے اپنے دو پیروں پر کھڑے ہونے سے شروع کر کے ہوائی جہاز بلکہ 'خلائی جہاز' کی مدد سے چاند پر چلنا سیکھ لیا ہے تو دوسری طرف منہ سے نکلنے والی بے اختیار اور بے معنی سی آوازوں سے شروع کر کے لمبی لمبی تقریریں کرنا اور اپنی بات کو دوسروں تک پہنچانے کے لیے موٹی موٹی کتابیں بھی لکھنا سیکھا ہے۔

سائنس کی دنیا میں جو ترقی ہوئی ہے اس کی خبر تو، آپ چاہے دنیا کے کسی کونے میں بھی ہوں، چند گھنٹے میں آپ کو مل جاتی ہے مگر ان سائنسی ترقیوں کے علاوہ بھی انسان نے کچھ ایسے کام کیے ہیں جن سے اس کی زندگی میں آسانیاں بھی پیدا ہوئی ہیں، سوچنے سمجھنے کی صلاحیت بھی بڑھی ہے اور آہستہ آہستہ وہ تہذیب یافتہ انسان، کہلانے لگا ہے۔ ہم نے زبان سے بول کر اور کاغذ پر لکھ کر اپنے خیالات کو دوسروں تک پہنچانا سیکھا ہے، پڑھنا لکھنا سیکھا ہے، فن اور آرٹ سیکھے ہیں، خرید و فروخت شروع کی ہے اور روپیہ پیسہ ایجاد کر کے اپنی زندگی کو آسان کر لیا ہے۔ انہی ترقیوں کو ہم سماجی یا تہذیبی ترقیاں کہہ سکتے ہیں۔

میں نے انہی سماجی ترقیوں کی کہانیوں کو اپنی کچھ کتابوں کے ذریعے، بچّوں تک

پہنچانے کی کوشش کی ہے۔ میری یہ کتاب 'اخبار کی کہانی' ان کہانیوں کی چوتھی کڑی ہے۔ اس سے پہلے میں اس زنجیر میں 'پیسے کی کہانی'، 'خط کی کہانی' اور 'بینک کی کہانی' پیش کر چکا ہوں اور مجھے خوشی ہے کہ یہ سلسلہ بچّوں اور بزرگوں نے کافی پسند بھی کیا ہے۔

اخبار آج ہماری زندگی میں کتنا داخل ہو چکا ہے، اس پر ہم نے مشکل ہی سے غور کیا ہے۔ شاید یہ کہنا غلط نہ ہو گا کہ اخبار ہمارے آج کے تہذیب و تمدّن کی بہترین تصویر پیش کر دیتا ہے۔ اخبار ساری دنیا میں روزانہ چھوٹے بڑے واقعات، حادثوں، تبدیلیوں، انقلابوں، ترقیوں، غرض ہماری زندگی کے ہر پہلو کا ایک ایسا مکمل ریکارڈ ہے جسے ہم آنے والی نسلوں کے لیے چھوڑ رہے ہیں۔ اگر ایسا مکمل ریکارڈ ہماری پچھلی تاریخ نے ہمیں دیا ہوتا تو دنیا کے بارے میں ہماری تاریخی معلومات کہیں زیادہ ہوتی۔

میں نے اس کتاب میں یہی بتانے کی کوشش کی ہے کہ اخبار کا خیال کیسے پیدا ہوا، کب پیدا ہوا، کہاں پیدا ہوا، اس خیال نے کس طرح آہستہ آہستہ ترقی کی اور آج کا اخبار کون کون سی منزلیں طے کرتا ہوا ہم تک پہنچا ہے۔ کتاب کا آخری حصّہ اپنے ملک میں اخباروں کی ترقی، جنگِ آزادی میں اخباروں کی کوششوں اور اُردو اخبار کی ترقی سے تعلق رکھتا ہے۔

میں نے اس کتاب کو اخباروں کی ترقی کی تاریخ دہرانے کے مقصد سے تصنیف نہیں کیا ہے۔ میرا مقصد یہ ہے کہ ہمارے سماج کی اس انوکھی ایجاد کی کچھ بنیادی باتوں کو بچّوں کے سامنے پیش کر دیا جائے تاکہ وہ یہ سمجھ جائیں کہ اخبار جواب ہماری زندی کا ایک

لازمی حصّہ بن چکا ہے، اسے ہماری زندگی میں یہ جگہ کیسے مل گئی۔

اگر اس کتاب کو پڑھنے کے بعد بچّوں میں اخبار پڑھنے کا شوق پیدا ہو جائے تو یہ میری پہلی کامیابی ہو گی اور اگر اس قسم کی سماجی ترقیوں کو جاننے اور سمجھنے کے لیے ان میں خود کھوج اور تحقیق کرنے کی لگن پیدا ہو جائے تو میں مصنّف کی حیثیت سے خود کو بہت خوش نصیب سمجھوں گا۔

غلام حیدر

(۱) پہلا باب: چوتھی طاقت

انگریزی کی ایک کہاوت ہے جسے ہم اپنی زبان میں کچھ اس طرح کہہ سکتے ہیں :"سویرے سونا اور سویرے اُٹھنا انسان کو صحت مند، دولت مند اور عقل مند بناتا ہے"۔ پہلی دو باتیں تو دل کو لگتی بھی ہیں۔ مگر یہ سویرے اُٹھنے سے عقل مندی کا کیا تعلّق ہے؟ مگر ایک بات ضرور ہے۔ اب جس دن ہمیں صبح کو اخبار اچھی طرح دیکھنے کو نہیں ملتا تو دن بھر کچھ ایسا لگتا ہے جیسے ہم کچھ بھول رہے ہیں۔ ممکن ہے اب بیسویں صدی میں عقل مندی اور صبح کو اخبار پڑھنے کا کوئی نیا رشتہ بن گیا ہو؟

اچھا، ذرا دیر کے لیے وقت کی سڑک پر ہمارے ساتھ اب سے کوئی سو ڈیڑھ سو سال پیچھے آؤ۔ فرض کرو ہم منھ اندھیرے کسی بڑے شہر میں ٹہل رہے ہیں۔ اتنے سویرے ہمیں بہت تھوڑے سے لوگ نظر آئیں گے۔ کچھ تو اللہ کے وہ نیک بندے جو مسجدوں، مندروں گوردواروں وغیرہ کی طرف جارہے ہوں گے، یا پھر سبزی ترکاری اور دودھ بیچنے والے۔

مگر ذرا آج نکل کر دیکھو تو تمہیں ایک قسم کے لوگ اور بھی نظر آئیں گے۔ تیز تیز سائیکل کے پیڈل مارتے، کیریر میں اخباروں کا موٹا سا پلندا پھنسائے، طرح طرح کے، مختلف زبانوں کے رسالے لٹکائے ہوئے۔ اور کبھی کبھی اُن میں سے کوئی پوری آواز میں چیختا ہوا۔ 'پیپر والا۔ اخبار۔ نیوز پیپر۔!' جیسے یہ لوگ ہمیں صبح سویرے اُٹھانے کے لیے اَلارم کے طور پر مقرر کیے گئے ہوں۔ کبھی کبھی کسی گرم گرم خبر کو پورے محلّے کو سناتے

ہوئے یہ ہوا کی طرح نگاہوں سے اوجھل ہو جائیں گے۔

اخبار ہماری آج کی زندگی میں کچھ اِسی طرح داخل ہو گیا ہے جیسے بعض لوگوں کو کسی نشے -یعنی سگریٹ، پان، چائے یا افیون کی عادت ہو جاتی ہے۔ کچھ تو ایسے لوگ بھی ہیں کہ اگر انھیں صبح کو اخبار پڑھنے کو نہ ملے تو انھیں چین ہی نہیں پڑتا۔ اور پھر ایک بات یہ بھی ہے کہ ہر اخبار پڑھنے والے کو اپنے پسندیدہ اخبار پڑھنے کی کچھ ایسی عادت ہو جاتی ہے جیسے چاول کھانے والے کو چاول کی اور چپاتی کھانے والے کو چپاتی کی!

اور یہی نہیں کہ چونکہ کچھ لوگوں کو اخبار پڑھنے کی عادت ہو گئی ہے اس لیے یہ اتنا اہم ہو گیا ہے۔ سچّی بات تو یہ ہے کہ دنیا بھر کی سیاست، تجارت، معاشیات، حکومتوں کے اُتار چڑھاؤ، بلکہ آج دنیا کی ہر چیز پر یہ اخبار اتنا گہرا اثر رکھتے ہیں کہ اب شاید دنیا کی کوئی اور طاقت اِن کے سامنے نہیں ٹھہر سکتی۔ اُردو کے مشہور مزاحیہ شاعر اکبرؔ الٰہ آبادی نے چوٹ کی تھی:

کھینچو نہ کمانوں کو نہ تلوار نکالو
گر توپ مقابل ہو تو اخبار نکالو

اور برطانیہ میں تو چار چیزوں کو سب سے بڑی طاقتیں مانا ہی جاتا ہے۔ بادشاہت، حکومت، پارلیمنٹ اور اخبار اور پھر جمہوریت۔ جس میں ہم رہتے ہیں اس کے لیے تو اخبار وہی کام دیتے ہیں جو دل کے لیے خون پہنچانے والی نالی انجام دیتی ہے۔ یہ کہنا بھی غلط نہ ہو گا کہ جمہوریت کی بنیاد ہی ملک کے اچھّے اخباروں پر ہوتی ہے۔

اخبار ہمیں کیا کچھ نہیں بتلاتا! دنیا کے دور دراز حصّوں کی بڑی بڑی خبریں۔ دو ملکوں میں جنگ کے خطرے یا صلح کی امیدوں سے لے کر شہر میں اچھّی مٹھائی کی دُکان کے پتے تک، دوسرے ملک سے آئے ہوئے فن کاروں کے بہت بڑے پروگرام کی اطلاع سے

لے کر میونسپلٹی کے صفائی کرمچاریوں کی ہڑتال کے نوٹس تک، اچھی بندوقوں اور کارتوسوں کے اشتہار سے نزلے، کھانسی کی دوا تک۔ سب کچھ اخبار میں موجود ہوتا ہے۔ ایک بہت بڑے اخبار کے ایڈیٹر نے بہت پہلے کسی اچھے اخبار کے متعلق بڑے مزے کی بات کہی تھی۔

ایک اخبار کو آپ دنیا کے بہت بڑے تین رِنگ والے سرکس کی مثال دے سکتے ہیں۔ ایک طرف ایک ڈکیتی کی خبر ہے تو دوسری طرف ایک بہت زبردست سیاسی بحث چھڑی ہوئی ہے۔ کسی دوسرے حصّے میں کسی فلم اسٹار کے بارے میں کوئی چٹپٹی خبر ہے، تو اس سے ملے ہوئے کالم میں دو ملکوں کے درمیان جنگ کی افواہ ہے۔

اسی طرح دنیا کے ایک بہت بڑے اخبار، لندن سے چھپنے والے 'دی ٹائمس'، (The Times) کے سب سے پہلے مالک جان والٹر (John Walter) نے اب سے لگ بھگ دوسو سال، پہلے اپنے اخبار کے جاری کرتے وقت ایک اچھے اخبار کی خصوصیتیں بیان کی تھیں، اور کہا تھا:

"ایک اصلی اخبار کو اپنے وقت کا ایک مکمّل ریکارڈ ہونا چاہیے، کھانے کے سلیقے سے سجی سجائی ایک میز کی طرح اس میں ہر شخص کی پسند کے مطابق کچھ نہ کچھ ضرور ہونا چاہیے۔"

انگریزی کے ایک بہت مشہور مصنّف اور شاعر جوزف ایڈیسن(Joseph Addison) نے اخباروں میں چھپنے والے اشتہاروں کے لیے بڑے دلچسپ انداز میں کہا تھا:

"اشتہارات کا حصّہ بھی بالکل اِسی طرح چھوٹی دنیا کی تصویر دکھاتا ہے جیسے دوسرا (خبروں کا حصّہ) بڑی دنیا کی اخباروں میں اشتہاروں کی تعداد کچھ اتنی بڑھ گئی ہے کہ اب

وہ دنیا والوں کو لگ بھگ ہر اس چیز کے بارے میں بتا سکتے ہیں جو زندگی کے لیے ضروری ہے۔ اگر کسی کے سر میں درد رہتا ہے، پیٹ میں مروڑ ہے، یا کپڑوں پر داغ دھبّے پڑ گئے ہیں تو اسی جگہ ہر ایک کا وقتی اور مستقل علاج مل سکتا ہے۔ اگر کوئی اپنے کھوئے ہوئے گھوڑے، یا گھر سے بھاگے ہوئے کسی عزیز کو ڈھونڈنا چاہتا ہے، کسی کو اچھّا وعظ سننے کی خواہش ہے، گلا صاف رکھنے کے لیے چاٹنے کی دوا، گدھا، دودھ یا کچھ بھی چاہیے۔ چاہے اپنے جسم کی ضرورت کو پورا کرنے کے لیے یا اپنے دل ودماغ کے لیے، تو یہی اخبار وہ جگہ ہے جہاں اُسے تلاش کیا جا سکتا ہے۔"

اور اس چوتھی طاقت کے پھیلاؤ کا اندازہ تو تم اس سے بھی کر سکتے ہو کہ برطانیہ میں آج لگ بھگ کوئی گھر ایسا نہیں ہے جہاں کم سے کم ایک اخبار صبح کو نہ آتا ہو اور اوسطاً دو گھروں میں ایک شام کا اخبار نہ آتا ہو۔ ہمارا اپنا ملک جو ابھی دوسرے ملکوں سے اخباروں کے پھیلاؤ میں کافی پیچھے ہے، یہاں بھی 1981 کے آخر میں لگ بھگ سوا ہزار (1264) روزانہ نکلنے والے اخبار تھے۔ کچھ سال پہلے 1979 میں اندازہ لگایا گیا تھا کہ دنیا بھر میں نو ہزار سات سو سے زیادہ 9720 جانے پہچانے روزانہ اخبار مختلف زبانوں میں چھپتے تھے جن کی چونتیس کروڑ سے زیادہ کاپیاں دن بھر میں بِک جاتی تھیں۔ ان میں بھی چین سے نکلنے والے اخبارات شامل نہیں تھے۔

کاغذی دیو

اخبار کو ہم ایک ایسا کاغذی دیو بھی کہہ سکتے ہیں جسے پرانی کہانیوں کے دیو کی طرح خود ہم نے ہی پیدا کیا ہے۔ مگر پرانی کہانیوں کے دیووں کو تو کوئی شہزادہ یا من چلا نوجوان جادو کے زور سے کسی کنویں یا بوتل میں بند کر دیتا تھا، لیکن ہمارا یہ کاغذی دیو اب دنیا پر کچھ اس طرح چھا گیا ہے کہ اب اس سے چھٹکارا پانا ممکن نہیں ہے۔

خیر یہ تو تھی صرف قصّے کہانیوں کی بات، اصل میں اخبار آج کی دنیا میں اتنے کام کی چیز بن چکا ہے کہ اس کے بغیر ایک دن بھی دنیا کا کام چلنا مشکل ہو جائے گا۔ اور پھر اخبار تو ہماری سوجھ بوجھ اور دنیا کو زیادہ سے زیادہ جان لینے کے شوق کو پورا کرتا ہے، انسان کی اَن تھک کوششوں کا نتیجہ ہے اور اُس کی اپنی ترقی کا ایک ثبوت بھی۔ اِس لیے اخبار اب ہمارے ساتھ ہے اور ہم اخبار کے ساتھ ہیں۔

ہماری دنیا میں کسی نئی چیز کا شروع ہو جانا تو بہت آسان سی بات ہے مگر اِس کا باقی رہنا، اور ہماری زندگی کا ایک حصّہ بن جانا خود اس بات کا ثبوت ہے کہ وہ ہمارے فائدے کی چیز ہے۔ یوں تو ہر روز نئے نئے فیشن شروع ہوتے رہتے ہیں مگر پھر کچھ دن بعد لوگوں کو یاد تک نہیں رہتا کہ کچھ سال پہلے وہ اپنی پتلون کا پائنچا کتنے انچ چوڑا سلواتے تھے۔ مگر جیسے ہی کوئی کام کی چیز انسان کے ہاتھ آتی ہے تو وہ دنیا بھر میں جنگل کی آگ کی طرح پھیلتی چلی جاتی ہے۔ صرف تیس چالیس سال پہلے ٹرانزسٹر، ٹیپ ریکارڈ اور ٹیلی ویژن ہمارے ملک میں پہلی بار نظر آنے شروع ہوئے تھے اور اب خود ہی دیکھ لو کہ کتنی تیزی سے اِن کا پھیلاؤ بڑھ رہا ہے۔ اِن سے بھی پہلے ہوائی جہاز، موٹر، ریل گاڑیاں اور ایسی ہی اور ایجادیں آئیں اور جلدی ہی انسان کی زندگی کا ایک حصّہ بن گئیں جن کے بغیر اب اس کا کام ہی نہیں چل سکتا۔

مگر سائنسی ایجادوں اور سماجی ترقی میں ایک فرق بھی ہے۔ کسی سائنس داں کی سمجھ میں جیسے ہی کوئی نیا اصول آتا ہے، وہ اس پر تجربے شروع کر دیتا ہے۔ اگر کامیاب ہو جاتا ہے تو پھر چند سال میں ہی اُس اصول پر بہت سی مشینیں بننے لگتی ہیں۔ مگر کسی سماجی تبدیلی کے پھیلنے میں بڑا وقت لگتا ہے، چونکہ اُس میں کوئی ایک آدمی کوئی چیز ایجاد نہیں کرتا، بہت سے لوگ الگ الگ اپنی آسانیوں کے لیے راستے ڈھونڈتے ہیں اور پھر جب کوئی

اچھا راستہ مل جاتا ہے تو بہت آہستہ آہستہ وہ دنیا میں پھیلنا شروع ہوتا ہے۔ پھر بہت بعد میں کچھ لوگ اس کے اصول اور قاعدے بناتے ہیں۔

اخبار ہمارے ذہن اور سوجھ بوجھ کی ترقی کا ایک نشان ہیں۔ ظاہر ہے ایسا تو نہ ہوا ہوگا کہ ایک رات کو جب لوگ سوئے ہوں گے تو اُس دِن تک دنیا میں کہیں بھی اخبار نام کی کوئی چیز نہ ہوگی اور پھر اگلی صبح کو جب اٹھے ہوں گے تو اخبار بیچنے والے چیخ رہے ہوں گے:

"آج کا تازہ اخبار۔! پیپر والا۔!"

اخبار کی کہانی صدیوں، بلکہ لگ بھگ ہزار ڈیڑھ ہزار سال سے بھی زیادہ کی کہانی ہے۔

دنیا کے متعلق زیادہ سے زیادہ معلومات حاصل کرنے کے لیے اخبار ایک ایسا انوکھا طریقہ ہے جس کا کوئی اور چیز مقابلہ نہیں کر سکتی۔ تم اگر کسی ملک کے حالات جاننا چاہو تو صرف مہینے دو مہینے وہاں کے اخبار پڑھتے رہو۔ وہاں کی پوری سیاست، معاشیات، رہن سہن، اچھائیاں بُرائیاں، موسم، صنعتی، زراعتی اور ہر قسم کی پیداوار، کھیل کود، سیر و تفریح، ادب، بیوپار غرض تمھیں ہر چیز کا پتہ چل جائے گا۔ کسی نے کہا تو مذاق کے سے انداز میں تھا، مگر بات ہے بالکل سچی۔ کہ موہنجوداڑو، مصر، یونان وغیرہ کی پُرانی تہذیبوں کے بارے میں ہم اس لیے اچھی طرح نہیں جان پاتے کہ وہاں اخبار نہیں نکلتے تھے۔

اخباروں کے بارے میں اتنا کچھ جاننے کے بعد ممکن ہے تمھیں یہ جاننے کی خواہش پیدا ہو کہ یہ 'کاغذی دیو' کہاں سے آگیا؟ یعنی اخبار کہاں سے نکلنے شروع ہوئے؟ کیوں نکلنے شروع ہوئے؟ کب نکلنے شروع ہوئے؟ کیسے انھوں نے ترقی کر لی؟ اب آج کی دنیا میں ان کا کیا حال ہے؟ اور پھر آنے والے زمانے میں اِن میں کیا ترقی ممکن ہے؟ وغیرہ

وغیرہ۔

اخباروں کی کہانی میں ایک بات اچھی ہے۔ ان کے متعلق ضروری معلومات تھوڑی بہت کھوج کے بعد مل جاتی ہے۔ اصل میں آج جیسے اخباروں کی عمر یا تاریخ بہت پُرانی نہیں ہے۔ صرف چند سو سال! اور پھر تقریباً ہر نئے پُرانے اخبار کی کاپیاں دنیا کے میوزیموں، پرانی لائبریریوں یا ایسے ہی کچھ اداروں میں حفاظت سے رکھی ہوئی مل جاتی ہیں۔ لیکن اِن میں تمھیں آج جیسے بہت سے کالم نظر نہیں آئیں گے، نہ موٹی موٹی سرخیاں ملیں گی۔ اور تصویروں کا تو ذکر ہی کیا! پھر بھی اس کہانی کا بالکل شروع کا حصہ اتنا صاف نہیں ہے جتنا بعد کا حصّہ ہے۔ خیر! چلو شروع کرتے ہیں۔ مگر سوال یہ ہے کہ کہانی کی اس لمبی اور کچھ الجھی ہوئی سی ڈور کو کہاں سے پکڑیں؟

ہم نے اس ڈور کو 'الجھا ہوا' اس لیے کہا کہ یہ کہانی صرف ایک اکیلی کہانی نہیں ہے، اس میں بہت سی کہانیاں بیچ میں آجاتی ہیں۔ ویسے بھی دنیا کے ہر ملک میں اخباروں کی ترقی کی کہانی تھوڑی بہت الگ ہونی چاہیے۔ لیکن اِن ہی بہت سی کہانیوں سے مل کر دنیا کے اخباروں کی داستان بنتی ہے۔ پھر خود اخبار کی تیاری میں ہی خبروں کا جمع کرنا، کاغذ، چھپائی اور کتنی ہی اور چیزوں کی کہانیاں بھی شامل ہیں۔ مگر ہم دوسری کہانیوں کو صرف اتنا ہی بیان کریں گے جتنا ہمیں 'اخبار کی کہانی' کو آگے بڑھانے میں ان کی ضرورت ہو گی۔

پیغام سے خبروں تک

ایک جگہ سے دوسری جگہ پیغام بھیجنے کی ضرورت تو انسان کو شاید اسی دن سے پیش آنے لگی ہو گی، جب سے اُس نے باقاعدہ آبادی بنا کر رہنا شروع کیا ہو گا۔ اور شاید اُسی وقت سے اُس کے دماغ میں یہ خیال بھی آیا ہو گا کہ جہاں وہ رہتا ہے اُس کے چاروں

طرف کی معلومات اُسے ہونی چاہیے۔

پیغام رسانی کی کہانی خود بھی ایک بہت دلچسپ اور حیرت ناک کہانی ہے، جو ہاتھ کے اشاروں اور زبان سے پیدا کی ہوئی، آں آں، اوں، اوں، کی آوازوں سے شروع ہو کر انتہائی حیرت ناک سائنسی ایجادوں تک پہنچ جاتی ہے۔ چنانچہ آج تو ایک سے دوسری جگہ، بلکہ دنیا کے ایک کونے سے دوسرے کونے تک۔ اور اگر آگے بڑھیں تو زمین سے چاند اور دوسرے سیاروں تک۔ پیغام بھیجنے کے عجیب عجیب سائنسی طریقے ایجاد ہو گئے ہیں، جنھیں تم اخبار، ٹیلی ویژن اور ریڈیو وغیرہ پر پڑھ بھی سکتے ہو، دیکھ بھی سکتے ہو اور سُن بھی سکتے ہو۔

مگر ممکن ہے تم سوچو کہ چلے تو تھے ہم اخبار کی کہانی سے اور ذکر ہونے لگا پیغام رسانی کی داستان کا۔ خیر، پہلی بات تو یہ ہے کہ اگر تم ذرا سا غور کرو تو 'پیغام' اور 'خبر' میں تمھیں بہت تھوڑا سا فرق نظر آئے گا۔ اور پھر اخبار اور خبریں پہنچانے یا 'پیغام رسانی' کا تو چولی دامن کا ساتھ رہا ہے۔ ہم آگے چل کر دیکھیں گے کہ جب تک ٹیلی گراف ایجاد نہیں ہوا تھا، اخباروں میں کئی کئی دن پُرانی خبریں چھپتی تھیں اور پھر ٹیلی پرنٹر نے تو 'خبر رسانی' کی دنیا ہی بدل کر رکھ دی۔ اب اگر امریکہ میں اقوامِ متحدہ کی جنرل اسمبلی کا اجلاس ہو رہا ہو تو، تھوڑی دیر بعد ہی دہلی کے اخباروں کے دفتر میں پوری پوری تقریریں ایڈیٹر کے سامنے موجود ہوتی ہیں۔

خیر، یہ سب تو ذرا بعد کی باتیں ہیں، ابھی تو یہ دیکھنے کی کوشش کریں کہ جب اخبار نہیں تھے تب دنیا والوں کا کام کیسے چلتا تھا اور پھر وہ کون سی ضرورت تھی جس کی وجہ سے اخبار شروع ہوئے۔

کچھ لوگ کہتے ہیں کہ پہلے انسان کی دنیا ہی چھوٹی تھی! تم کہو گے کہ کیا وقت کے

ساتھ ساتھ دنیا بھی پھیلتی سُکڑتی ہے؟، اصل میں لوگوں کا مطلب ہے انسان کے رہن سہن، تعلیم اور دنیا کے متعلق معلومات سے۔ جب انسان چھوٹے چھوٹے قبیلوں میں جنگلوں میں کچّی پکّی جھونپڑیاں بنا کر رہتا تھا تو اُسے صرف اپنے چھوٹے سے گاؤں، ہتھیار بنانے کے لیے اچھے پتھروں اور آس پڑوس کے جنگل اور چشمے کی فکر رہتی تھی، اور انھی کے متعلق وہ معلومات بھی حاصل کرتا تھا۔ جنگل میں جانور کدھر رہتے ہیں؟ کہاں پانی پیتے ہیں؟ان کی کیا عادتیں ہیں؟ وغیرہ وغیرہ۔

پھر بعد میں جب ذرا بڑے گاؤں آباد ہوئے، کھیتی باڑی شروع ہوئی، دودھ دینے والے اور کھیتی باڑی میں کام آنے والے جانور پالے جانے لگے، تانبے پیتل وغیرہ کے اوزار، ہتھیار بننے شروع ہوئے، تو انسان کو نئی چیزوں کی فکر شروع ہوئی۔ کچھ معلومات بھی بڑھیں۔ آپس میں چیزوں کا لین دین شروع ہوا، ایک گاؤں سے دوسرے گاؤں اطلاعیں اور پیغام بھیجنے کی، اور وہاں کی خبریں جاننے کی ضرورت پڑی۔ اور اس طرح عام آدمی کی دنیا کچھ پھیلنے لگی۔

اور پھر وقت کی لمبی سڑک پر جب زندگی اور آگے بڑھی تو بڑے بڑے گاؤں قصبے بنے، اور کہیں کہیں کچھ بڑے شہر بھی ابھرنے شروع ہو گئے۔ شہروں کے ساتھ رہن سہن اور زندگی کے ڈھنگ بھی بدلنے لگے۔ تجارت، بیوپار، کارخانے، کاروبار اور اسکول کھلے۔ اِن میں کام کرنے کے لیے مزدوروں اور پڑھے لکھے ملازموں کی ضرورت پڑی۔ کام کاج اور مزدوری کے لیے کچھ لوگوں نے گاؤں سے نکل کر شہروں میں رہنا شروع کر دیا لیکن جو بات خاص ہوئی وہ یہ تھی کہ شہر کا رہنے والا آدمی یہ چاہتا تھا کہ وہ صرف اپنے محلّے کے بارے میں ہی جانکاری نہ رکھے، اُسے پورے شہر کے حالات معلوم ہوتے رہیں، بلکہ اپنے شہر کے علاوہ اُن شہروں اور گاؤں کی خبریں بھی اُسے ملتی رہیں، جہاں اس کے

عزیز، رشتے دار، گھر والے، دوست اور پُرانے ساتھی رہتے تھے۔

پھر جب تعلیم اور معلومات بڑھتی ہیں تو آدمی چاہتا ہے کہ دوسرے ملکوں کی خبریں بھی اُسے ملتی رہیں۔ وہاں کیا کیا ترقیاں ہو رہی ہیں ؟ایک طرف اگر بیوپاری یہ جاننا چاہتا ہے کہ اس کے مال کی سب سے زیادہ کس جگہ کھپت ہے تو دوسری طرف ڈاکٹر بھی یہ جاننا چاہتے ہیں کہ کسی خاص مرض کے لیے کس ملک میں نئی اور کارآمد دوا بنائی جا رہی ہے۔

چنانچہ ہمارے بزرگ بھی اپنے آس پڑوس کے حالات کو جاننے اور وہاں کی خبریں معلوم کرنے کی خواہش کو کسی نہ کسی طرح پورا کرتے ہی رہے۔ کبھی جب کوئی مسافر کسی گاؤں سے گزرتا اور ذرا دم لینے کو چوپال پر رُک جاتا، تو لوگ اس سے اُس کے اپنے گاؤں کی، اور راستے کے گاؤں کی خبریں معلوم کرتے۔ کبھی کبھی جب کوئی لمبے سفر یا مذہبی یاترا یا حج سے لوٹتا تو لوگ اُسے گھیر لیتے اور کُرید کُرید کر اُس سے اُس کے سفر کا حال معلوم کرتے اور راستے کی خبریں سنتے۔ کبھی اگر بادشاہ کو کوئی خاص اعلان، خبر یا حکم اپنے علاقے میں سنانا ہوتا تو وہ ڈھنڈورا پٹواتا۔ اعلان کرنے والا چوپال یا کسی کھلی جگہ پر پہلے زور زور سے ڈھول بجاتا اور جب اُس کے چاروں طرف لوگ جمع ہو جاتے تو زور زور سے کہتا:

"خلق خدا کی - حکم بادشاہ سلامت کا - رعایا میں ہر خاص عام کو معلوم ہو کہ بادشاہ سلامت نے حکم دیا ہے کہ سب لوگ اپنے دودھ دینے والے جانوروں پر ہر سال محصول ادا کریں گے جو اس حساب سے ہو گا"!

خود اپنے محلے، علاقے یا قصبے کی خبروں کی جانکاری کے لیے عبادت گاہیں بھی بہت کام آتی تھیں۔ بہت سے لوگ دن بھر میں کم سے کم ایک دو بار تو اپنی عبادت گاہ ضرور جاتے ہی تھے۔ وہاں محلّے کی، آس پڑوس کی، بلکہ پورے قصبے یا شہر کی خبروں کا لین دین بڑی آسانی سے ہو جاتا تھا۔

مگر اخبار کے شروع ہونے کے لیے صرف اتنا ہی کافی نہیں ہے کہ لوگوں میں خبریں جاننے اور معلومات حاصل کرنے کا شوق پیدا ہو جائے۔ کچھ اور بھی ایسی چیزیں ہیں جن کے بغیر اخبار نہیں نکل سکتا۔ ان میں سب سے پہلی چیز تو پڑھنے والے ہی ہیں۔ یعنی جن لوگوں کے ہاتھوں میں اخبار جائے وہ اتنا پڑھنا جانتے ہوں کہ اخبار انھیں ایک کار آمد چیز معلوم ہو۔ پھر پریس یا چھاپہ خانہ، اور چھاپہ خانے کے ساتھ ساتھ اخباری کاغذ، روشنائی وغیرہ بھی اتنی ہی ضروری چیزیں ہیں۔ لیکن شاید سب سے ضروری چیز، جس کے بغیر کوئی اخبار صحیح معنوں میں اخبار کہلا ہی نہیں سکتا، وہ ہے نئی تازی خبریں تیزی سے حاصل کرنے کا ذریعہ۔ بس اب جو کچھ بھی تم پڑھو گے اس میں اخبار کی ترقی کی کہانی کے ساتھ ساتھ اِن چیزوں کی ترقی کی جھلک بھی نظر آتی چلی جائے گی۔

اور اب اپنی اصلی کہانی شروع کرنے سے پہلے 'خبر' کے متعلق کچھ لوگوں کی کہی ہوئی ایک دلچسپ بات اور سنائے دیتے ہیں۔ اخبار کو انگریزی میں 'نیوز پیپر' (News Paper) کہتے ہیں۔ بعض لوگوں کا خیال یہ ہے کہ انگریزی کا یہ لفظ News خود چار لفظوں کے پہلے حرفوں سے مل کر بنا ہے۔ یعنی

N North

E East

W West

S South

مل کر News بناتے ہیں۔ خیر صاحب! انگریزی میں جب یہ لفظ News بنا ہو گا

جب یہ بات سوچی گئی تھی یا نہیں، یہ تو نہیں کہا جا سکتا، بہرحال بعد کے سوچنے والے بھی بڑے دور کی کوڑی لائے ہیں۔!

اردو میں اخبار عربی قاعدے سے صرف خبر کی جمع ہے۔ جیسے شعر، کی جمع اشعار اور شجر کی جمع اشجار ہوتی ہے۔

(۲) دوسرا باب: اخباروں کے بزرگ

آج جیسے اخباروں سے بہت پہلے، کچھ جگھوں پر خبریں پہنچانے کی جو کوششیں کی گئیں وہ بعض بعض جگہ تو آج کے اخباروں سے بہت قریب یا کچھ کچھ ملتی جلتی ہی تھیں، مگر بعض جگہ اُن کی صورت شکل اور انداز کچھ نرالا سا تھا۔ تاریخ کی کتابوں میں جن کوششوں کا سب سے پہلے ذکر ملتا ہے، اُن کو دیکھ کر بڑی حیرت ہوتی ہے کہ اتنے پُرانے زمانے میں بھی لوگوں نے اخبار جیسی کوئی چیز پیدا کر ہی لی تھی۔

رُومی ایکٹا

دنیا کی پُرانی تاریخ میں روم کا نام خاص طور پر لیا جاتا ہے۔ ممکن ہے تم نے پرانی رومی تہذیب کا ذکر پڑھا بھی ہو۔ اس کے ہر شہر کی ایک الگ کاؤنسل ہوتی تھی جس کا باقاعدہ الیکشن بھی ہوتا تھا۔ یہ کاؤنسلیں جنھیں سینیٹ کہتے تھے، اپنے اجلاس کی کارروائیوں کا رِکارڈ رکھنے کے لیے کبھی کبھی باقاعدہ کتاب یا رسالے کی شکل میں ایک اخبار جیسی چیز بھی تیار کر لیتی تھیں، اس کی بہت سی نقلیں کی جاتی تھیں اور انھیں عام لوگوں کے پڑھنے کے لیے شہر کی لائبریریوں میں رکھ دیا جاتا تھا۔ اس اخبار کا نام تھا 'ایکٹا سینیٹس' (Acta Sanatus)۔ رومی زبان میں Acta کے معنی ہیں روداد اور Sanatus کے معنی سینیٹ سے تعلق رکھنے والا۔ یہ اخبار دوسری صدی قبل مسیح میں نکلنے لگے تھے۔

پھر 60 قبل مسیح میں شہنشاہ گایس جولیس سیزر (Gius Julius Caesar) نے سینیٹ کی اطلاعیں، ضروری اعلان، سیاسی خبریں وغیرہ لوگوں تک پہنچانے کے لیے ایک

روزانہ پرچہ نکالنا شروع کیا، جسے ایک سفید تختے پر چپکا کر کسی ایسی جگہ رکھ دیا جاتا تھا جہاں سے عام لوگ گزرتے تھے۔ اِن اطلاعی پرچوں کا نام تھا 'ایکٹا ڈائیورنا' (Actadiurna)۔ اس میں ڈائیورنا، کے معنی ہیں روزانہ۔

چنانچہ اب تک جتنی معلومات حاصل کی جاچکی ہیں، اُن کے اعتبار سے روم کا 'ایکٹا ڈائیورنا' ہی دنیا کا سب سے پہلا عوامی اخبار، سرکاری اخبار، اور دیواری اخبار تھا۔ کہتے ہیں کہ یہ اخبار لگ بھگ ساڑھے تین سو سال تک نکلتا رہا۔

چین تی پاؤ

ابھی ہم اب سے لگ بھگ دو ہزار سال پرانی دنیا کے اُس حصّے کی باتیں کر رہے تھے جو ہمارے ملک سے شمال مغرب میں واقع ہے۔ آؤ اب تقریباً اتنی ہی دور شمال مشرق کی طرف چلیں۔ اب ہم اس تہذیب میں پہنچ گئے ہیں جسے دنیا کی سب سے پرانی تہذیبوں میں گنا جاتا ہے۔ چین۔

دنیا کی تہذیب کی ترقی میں چین نے کچھ بہت بڑے بڑے کام انجام دیے ہیں۔ خود اِس اخبار کے سلسلے میں ہی دیکھیں تو پتہ چلے گا کہ چاہے آج جیسے اخبار جاری کرنے میں چین یوروپی ملکوں سے کتنا بھی پیچھے رہا ہو، مگر اخبار اور اس کی چھپائی کی لگ بھگ ساری ضروری چیزیں، دنیا کو چین نے ہی دی ہیں۔ دوسری صدی عیسوی میں آج کے کاغذ سے کچھ ملتا جُلتا کاغذ چین میں بننا شروع ہو گیا تھا۔ اسی طرح چھپائی کی بالکل پہلی شکل بھی چینیوں نے ہی شروع کی تھی۔

لگ بھگ اُسی زمانے میں جب مہاتما گوتم بدھ ہندوستان میں بُدھ مت کا پرچار کر رہے تھے۔ چین میں ایک فلسفی کنفیوشس بھی اپنے خیالات پھیلا رہا تھا۔ اس کے بعد چین میں اس کی کہی ہوئی باتوں کو بھی جگہ جگہ پتھّر کی چٹانوں پر اِسی طرح کھود دیا گیا جس

طرح ہمارے ملک میں گوتم بدھ اور اشوک کے فرمانوں کو کھودا گیا تھا۔

چینیوں نے لگ بھگ چھٹی صدی عیسوی میں ان فرمانوں کو پتّھروں پر کھود کر، اُن پر رنگ لگا کر اور پھر کاغذوں کو ان پر رگڑ کر بہت سی نقلیں تیار کرنی شروع کر دیں تھیں۔ ایک لکھائی سے بہت سی نقلیں تیار کرنے کا شاید یہ سب سے پہلا طریقہ تھا۔ پھر جلد ہی انھوں نے یہ کام پتھروں کی جگہ لکڑی کے بلاکوں کے ذریعے کرنا شروع کر دیا۔ اِسی طرح چھپائی کی پکّی روشنائی کے متعلق بھی لوگوں کا یہی خیال ہے کہ یہ بھی چین سے ہی آئی ہے۔ مگر پھر بھی آج جیسی چھپائی کی عظیم ایجاد کا سہرا کچھ اور ملکوں کے سر ہے۔ خیر اس کا ذکر ذرا بعد میں آئے گا۔

ذکر ہو رہا تھا چین میں پرانے اخباروں کا۔ ساتویں صدی سے دسویں صدی کے ابتدائی حصّے تک چین میں تانگ خاندان کی حکومت تھی۔ اِسی خاندان کے کسی بادشاہ نے ایک اخبار نکالا، تاکہ دور دراز علاقوں میں رہنے والے افسروں کو سرکاری حکم، اطلاعیں اور دربار کی خبریں پہنچائی جا سکیں۔ لکڑی کے بلاکوں پر کھدائی کے ذریعے چھپائی کا کام آسان ہو ہی چکا تھا، اور چینی ڈاک کا انتظام بھی بہت ترقی کر چکا تھا۔ اس لیے یہ اخبار سرکاری انتظام میں بہت مدد پہنچاتا ہوگا اور پھر حکومتیں اور بادشاہی خاندان بدلتے رہے مگر چین کا یہ سرکاری، یا درباری اخبار ایک سے دوسرے خاندان کے ہاتھوں میں پہنچتا رہا اور اس میں ترقی ہوتی رہی۔ سترہویں صدی تک پہنچ کر اُسے لکڑی کے بنے ایسے ٹائپ کے حرفوں سے چھاپا جانے لگا جیسے آج سیسے کے بنے حرف استعمال ہوتے ہیں اور ضرورت پڑنے پر انھیں الگ کر کے اِن میں پھیر بدل بھی کیا جا سکتا ہے۔ یہ جان کر سچ مچ حیرت ہوتی ہے کہ اس قسم کا اخبار لگ بھگ گیارہ بارہ سو سال کی عمر لے کر پیدا ہوا تھا۔ سرکاری، اخبار ہو یا عوامی اخبار دنیا میں کسی دوسرے اخبار نے اتنی لمبی عمر نہیں پائی۔

مگر ایک بار پھر یہ بات یاد دلا دی جائے کہ یہ اخبار صرف سرکاری اخبار، ہی ہوتے تھے۔ اصل میں عام جنتا میں نہ تو اتنی تعلیم پھیلی کہ وہ باقاعدہ اخبار پڑھ سکتے اور نہ انھیں اپنے گاؤں یا شہر سے باہر کے حالات جاننے میں کوئی دلچسپی ہی تھی۔

سرکاری خبر رسانی

خیر صاحب! روم کے دیواری اخبار اور چین کے سرکاری اخبار کے علاوہ پرانی دنیا میں اخباروں کے ایسے بزرگوں کا کہیں اور پتہ نہیں چلتا جن کی شکل و صورت آج کے اخباروں سے کچھ بھی ملتی جلتی ہو۔ لیکن یہ بات بھی بالکل غلط نہیں ہے کہ روم اور چین کے علاوہ بھی دنیا میں بڑے بڑے ملک تھے اور وہاں بڑی بڑی حکومتیں تھیں۔

مصر، روم، یونان اور چین کے علاوہ بھی دنیا کے دوسرے ملکوں میں بڑی بڑی تہذیبیں اُبھریں، حکومتیں بنیں، خاندانوں نے حکومت کی اور تاریخ آگے بڑھتی چلی گئی۔ ان تمام حکومتوں کے پاس بڑے بڑے علاقے ہوتے تھے اور ملک بہت سے صوبوں میں بٹا ہوتا تھا۔ ہر صوبے کے الگ الگ گورنر اور دوسرے افسر ہوتے تھے۔ شاہی فوجیں عام طور پر سرحدوں پر جنگ میں مصروف ہوتی تھیں۔ ظاہر ہے کہ اپنی حکومت کو باقاعدگی سے چلانے کے لیے اور ہر جگہ انتظام کو ٹھیک رکھنے کے لیے بادشاہوں کو اپنے علاقے کا ٹھیک ٹھیک حال اور وہاں کی پوری خبریں جاننا بھی ضروری تھا۔ کس علاقے میں بارش نہیں ہو رہی، کس علاقے میں سیلاب آنے کا خطرہ ہے، کس علاقے میں بغاوت ہونے کا ڈر ہے، یا فسادی اور بُرے لوگ امن و امان خراب کرنے کی کوشش کر رہے ہیں وغیرہ وغیرہ۔ پھر بادشاہ کے لیے خود اپنے مقرر کیے ہوئے افسروں کی نگرانی کرنا بھی ضروری تھا۔ اس لیے لگ بھگ تمام حکومتوں میں ایک دفتر جاسوسی کا بھی ہوتا تھا۔ یہ جاسوس سیدھے بادشاہ کو خبریں بھیجتے، یا خود آکر بتاتے۔ چنانچہ چندر گپت موریہ کے

دربار میں جب کوئی جاسوس آتا تھا تو وہ بلا روک ٹوک بادشاہ کے پاس پہنچا دیا جاتا تھا۔

حالانکہ اس قسم کی خبر رسانی کی بہت زیادہ تفصیل تو نہیں مل پاتی، مگر یہ بات بھی یقینی ہے کہ دنیا کی ہر بڑی حکومت نے اپنے علاقے کی خبریں حاصل کرتے رہنے کے لیے کوئی نہ کوئی طریقہ ضرور اپنایا ہو گا۔ ہندوستان میں شروع کے مسلمان بادشاہوں نے تو اپنی خبر رسانی کے ذریعے کو اتنا پکّا کر لیا تھا کہ صرف ہر صوبے میں ہی نہیں بلکہ ہر ضلع میں ایک سرکاری ملازم رکھا جاتا تھا جو ضلع میں ہونے والے خاص خاص واقعات کی تفصیل جمع کر کے اُن کی سچی سچی رپورٹ بادشاہ کو بھیجتا رہتا تھا۔ اِسے وقائع نویس کہتے تھے۔

کچھ اور بعد میں مغل بادشاہوں نے سرکاری خبر رسانی کو اور بہتر بنایا۔ پرانے وقائع نویس کے عہدے کے ساتھ ساتھ ایک اخبار نویس بھی مقرر کیا گیا۔ مغل بادشاہوں کے دور میں تو اِس سلسلے میں لگ بھگ وہ کام بھی کیا گیا، جو ان سے کئی سو سال پہلے چینی بادشاہوں نے شروع کیا تھا۔ یعنی درباری اخبار۔ اکبر کے زمانے سے ہی ایک ہاتھ کا لکھا ہوا اخبار اخبار دربار معلّٰی، نکلنا شروع ہو گیا تھا۔ بہت سے راجا مہاراجا اور امیر اپنے کچھ وکیل مغل بادشاہ کے دربار میں صرف اس کام کے لیے مقرر کرتے تھے کہ وہ دربار سے جاری ہونے والے حکم، اطلاعیں، بادشاہ کے پروگرام وغیرہ کی تفصیل مقررّہ وقت پر انھیں بھیجتے رہیں۔ مگر جیسا کہ اس کے نام سے ہی پتہ چلتا ہے، اس میں صرف دربار اور شاہی محل کی خبریں ہوتی تھیں، عام جنتا کے کام کی کوئی چیز نہیں ہوتی تھی اور نہ عام جنتا اس کو دیکھ پاتی تھیں، شاہ جہاں کے زمانے میں اس کا نام 'اخبار دارالخلافہ شاہ جہاں آباد' رکھ دیا گیا تھا۔ مغلیہ سلطنت کے آخری دور تک یہ اخبار کسی نہ کسی شکل میں چلتا رہا اور آخری بادشاہ بہادر شاہ ظفرؔ کے زمانے میں تو اس کی پچیس چھبیس کاپیاں چھپ بھی جاتی

تھیں۔

یورپ میں خبر رسانی

یورپ کی تاریخ بھی کچھ عجیب سی رہی ہے۔ لگ بھگ چھٹی اور پانچویں صدی قبل مسیح سے سات آٹھ سو سال تک تو اس کا ستارہ دنیا کی تاریخ کے آسمان پر خوب چمکا۔ کبھی یونانی فتوحات کی شکل میں تو کبھی رومی حکومت کی صورت میں۔ مگر پھر کوئی پانچ چھ سو سال کے لیے جیسے یورپ والے سو گئے۔ تاریخ کے آسمان پر اُن کا ستارہ کہیں دور اندھیرے میں چھپ سا گیا۔ لیکن لگ بھگ گیارہویں بارہویں صدی عیسوی سے ایک بار پھر یورپ نے آنکھیں ملیں، کروٹ بدلی، انگڑائیاں لیں اور تاریخ کے میدان میں زور و شور سے کھڑا ہو گیا۔ اور اتنی لمبی نیند کے بعد جب جاگا ہے، تو اس نے ترقی اور تہذیب کی اگلی پچھلی سب کسر نکال لی۔

گیارہویں بارہویں صدی سے یورپ کے مختلف ملکوں میں بڑے بڑے کالج اور یونیورسٹیاں کھلنی شروع ہوئیں اور تعلیم کا چرچا بڑھا۔ برطانیہ میں تیرہویں صدی سے بادشاہوں نے اپنے مشورے اور ملک کے کام کاج کو اور زیادہ اچھّے ڈھنگ سے چلانے کے خیال سے ایک پارلیمنٹ قائم کی جس میں لندن کے رئیس اور امیروں کے علاوہ برطانیہ کے دوسرے علاقوں سے بھی لوگ لندن آتے اور جب تک پارلیمنٹ کے اجلاس چلتے، یہ لوگ لندن میں ہی رہتے تھے، تو اِن کی خواہش ہوتی تھی کہ انھیں اپنے اپنے علاقوں کی خبریں ملتی رہیں۔ اور پھر جب پارلیمنٹ کے بعد یہ لوگ اپنے علاقوں میں واپس چلے جاتے تھے تو انھیں لندن کی دلچسپیوں اور دربار کی خبریں حاصل کرنے کی ضرورت محسوس ہوتی تھی۔ چنانچہ بعض بعض رئیس تو صرف خبریں لکھ کر بھیجنے کے لیے باقاعدہ ملازم بھی رکھنے لگے تھے، جو پابندی سے اخباری خطوط (News Letter) ان کو بھیجتے

رہتے تھے۔ کچھ ایسی ہی بات تم مغل بادشاہوں کے دربار کے رئیسوں کے متعلق بھی سن چکے ہو۔

انگلستان کے علاوہ یورپ کے دوسرے ملکوں کی زندگی میں بھی ایک فرق آنا شروع ہوا جسے شہریت کی طرف بڑھنا کہتے ہیں۔ گھریلو دھندے چھوٹے چھوٹے کارخانوں میں بدلنے لگے اور لوگ روزگار کی آسانیاں دیکھتے ہوئے شہروں کی طرف چل نکلے۔ یورپ کی زندگی میں پندرہویں صدی نیند سے جاگنے کا دور جانا جاتا ہے۔ تاریخ کے عالم اِسے نشاۃِ ثانیہ کا دور کہتے ہیں۔ ان ملکوں نے اگر ایک طرف دنیا کے دوسرے حصّوں سے تجارت کا جال پھیلانا شروع کیا، تو دوسری طرف بہترین ادیب، شاعر اور ڈراما نگار بھی پیدا کیے۔ علم اور کتابوں کا چرچا بڑھا۔ ایک طرف خود یورپ کے ملکوں میں ہی آپسی جنگیں ہوئیں تو دوسری طرف تجارت کے پھیلاؤ اور یونیورسٹیوں کی وجہ سے ایک دوسرے سے تعلق اور میل ملاپ بھی بڑھا۔

یہ سب کچھ تمھیں اس لیے سنایا جارہا ہے کہ اصل میں رہن سہن کے اس بدلتے ہوئے ڈھنگ اور عام ترقی نے ہی وہ حالات پیدا کیے، جن میں دوسری جگہوں کی خبریں معلوم کرنے کی ضرورت پیش آتی ہے۔ مثال کے طور پر اگر کسی ملک کی فوجیں کسی سرحد پر لڑ رہی ہوں تو دونوں ملکوں کے رہنے والوں کو جنگ کے حالات جاننے کی فکر رہے گی۔ دوسری طرف جو لوگ اپنے گھروں سے دور، بلکہ دوسرے ملکوں میں پڑھ رہے ہوں گے، انھیں بھی اپنے ملک کی خبریں جاننے کی خواہش ضرور ہوتی ہو گی۔ کارخانے داروں کو اپنے بنے ہوئے مال کی کھپت اور کچّا مال خریدنے کے لیے اپنے آس پڑوس کی خبروں کی فکر لگی رہتی ہو گی اور اپنے بنائے ہوئے مال کو مشہور کرنے کے لیے اشتہار دینے کی بھی ضرورت پیش آتی ہو گی، وغیرہ وغیرہ۔

بات یہ ہے کہ جب نئے نئے کارخانے، کاروبار، تجارت وغیرہ میں ترقی ہوتی ہے تو ان میں کام کرنے والوں کا ایک پڑھا لکھا اور ملازمت پیشہ گروہ یا طبقہ ہر شہر میں پیدا ہونے لگتا ہے۔ سماجی علوم کے ماہر اِسے درمیانی طبقہ (Middle Class) کہتے ہیں۔ اس طبقے میں زیادہ تر حصّہ وہی ہوتا ہے جو ملازمتیں حاصل کرنے کے لیے چھوٹے چھوٹے گاؤں اور قصبے چھوڑ کر شہروں میں آباد ہوتا جاتا ہے اور پھر جب کسی شہر میں یہ طبقہ اچھی طرح مضبوط ہو جاتا ہے تو وہاں کے رہن سہن پر ایک گہری چھاپ بھی چھوڑنے لگتا ہے۔ مثال کے طور پر اِسے آمد و رفت کے اچھے ذریعوں کی ضرورت ہوتی ہے۔ ایک اچھا ڈاک کا نظام بھی اِسے چاہیے ہوتا ہے، بچّوں کو پڑھانے لکھانے کے لیے اسکولوں کی ضرورت پیش آتی ہے اور پھر اِسی درمیانی طبقے میں دور قریب کی خبریں اور حالات معلوم کرتے رہنے کی خواہش پیدا ہوتی ہے۔

چنانچہ یورپی ملکوں میں ان دو تین صدیوں میں جو پھیر بدل ہوا اور ترقی ہوئی تو یہ درمیانی طبقہ بھی پیدا ہونا شروع ہو گیا۔

اعلان-خبریں-گانے-اخباری کلب

لگ بھگ پندرہویں صدی کے آخری حصّے سے یورپ کے ملکوں میں اخباروں کے لیے تھوڑا بہت میدان بننے لگا تھا بلکہ حالت یہ تھی کہ لندن کے بازاروں میں خبریں سنانے والے گھنٹیاں بجا بجا کر لوگوں کو جمع کر لیتے تھے، اور پھر جب ان کے چاروں طرف، بالکل ایسا ہی مجمع لگ جاتا تھا، جیسا آج کل ہندوستان میں بازی گر یا جھوٹی سچی دوائیں بیچنے والے جمع کر لیتے ہیں، تو وہ انھیں سرکاری، غیر سرکاری سچّی جھوٹی خبریں کبھی گا گا کر، کبھی ڈرامے کے سے انداز میں سناتے تھے، پیسہ جمع کرتے تھے اور پھر کہیں اور مجمع لگانے اور خبریں سنا کر پیسہ جمع کرنے کے لیے چل پڑتے تھے۔

شاہی یا سرکاری حکموں یا فرمانوں کے اعلان کا بھی وہی طریقہ تھا جو ہندوستان میں تھا۔ جگہ جگہ سرکاری لوگوں کو جمع کر کے اعلان کرتے یا پھر ان حکموں کی نقلیں کر کے ایسی جگہوں پر لگا دی جاتیں جہاں عام طور پر لوگ جمع ہوتے رہتے ہوں۔

اب ہم اس وقت یورپ کے ملکوں میں سولہویں صدی کے لگ بھگ درمیانی حصّے کا ذکر کر رہے ہیں۔ وینس، جو اب اٹلی کا ایک شہر ہے، وہاں کی حکومت نے لوگوں کو خبریں پہنچانے کا ایک اور انوکھا انتظام کر دیا تھا۔ وہاں ہاتھ کا لکھا ایک اخبار حکومت کی نگرانی میں تیار ہوتا تھا اور اس کی بہت سی نقلیں کر لی جاتی تھیں۔ شہر میں مختلف جگہوں پر کچھ انجمنیں تھیں، جنھیں تم اخباری کلب کہہ سکتے ہو۔ انھی کلبوں میں یہ اخبار پڑھ کر سنایا جاتا تھا اور ہر سننے والے سے وینس کا ایک بہت چھوٹا سکّہ گزٹ فیس کے طور پر لیا جاتا تھا۔

تم آگے چل کر پڑھو گے کہ یہ گزٹ کا لفظ اخبار کے ساتھ کچھ ایسا چپک سا گیا کہ بعد میں تو کچھ اخباروں کا نام ہی گزٹ ہو گیا۔ ویسے آج کل عام طور پر صرف حکومت کے قاعدے قانون اور ضروری اطلاعیں چھاپنے والے سرکاری اخبار کو گزٹ کہتے ہیں۔ ممکن ہے اخباروں کے سلسلے میں گزٹ لفظ کا استعمال وینس کے اُسی گزٹ سکّے کی یادگار ہو جو لوگ اخبار سننے کی فیس کے طور پر ادا کرتے تھے۔

بس اب ہماری کہانی یہاں تک پہنچ گئی ہے جہاں یوروپی ملکوں میں لوگوں میں خبریں جاننے کا شوق پیدا ہو چلا ہے۔ خبریں پہنچانے کے کچّے، پکّے، آدھے ادھورے طریقے بھی ایجاد ہو چکے ہیں اور لوگ ان میں دلچسپی بھی لینے لگے ہیں، مگر اخبار جیسی کسی چیز کے نکلنے میں ابھی ایک بہت بڑی چیز کی کمی زبردست رکاوٹ بنی ہوئی ہے۔ پریس یا اچھّا چھاپہ خانہ!

پریس۔ تہذیب کو ایک تحفہ

پریس (Press) انگریزی میں اس لفظ کے بہت سے معنی ہیں۔ ان میں سے پہلے معنی تو تم اچھی طرح جانتے ہو۔ یعنی دبانا، بھینچنا وغیرہ۔ اور دوسرے معنوں کے لیے ہندوستانی زبان میں چھاپہ خانے کا نام دیا گیا ہے۔

ویسے تو خود پریس کی ایجاد کی بھی ایک دلچسپ اور بہت لمبی کہانی ہے، مگر اس وقت اس کہانی کو تفصیل سے نہیں سنا سکتے، صرف اس کی کچھ خاص خاص باتیں بتا سکتے ہیں، تاکہ ہماری اخبار کی کہانی، جو پریس کی ایجاد پر آکر اٹک گئی ہے، آگے بڑھنے لگے۔

پریس کی کہانی میں چینیوں نے جو پہل کی تھی وہ تو تم پہلے ہی سُن چکے ہو۔ انھوں نے چھٹی صدی عیسوی میں پتّھر اور لکڑی کے بلاکوں سے بہت سی نقلیں تیار کرنی شروع کر دی تھیں۔ کھیلنے کے تاش اور کاغذی نوٹ بھی وہ لگ بھگ اسی زمانے سے چھاپنے لگے تھے۔ گیارہویں صدی کے لگ بھگ درمیانی حصّے میں انھوں نے پہلے مٹّی کے لفظ گڑھ کر ان سے چھپائی شروع کی اور پھر جلدی ہی دھات کے حرف ڈھالنے شروع کر دیے۔ ان سے یہ فن چین کے پڑوسی ملکوں میں پہنچ گیا، اور جاپان اور کوریا نے بھی معمولی یا ابتدائی چھپائی کو آگے بڑھایا۔ چنانچہ آج تک کی کھوج اور تحقیق کے مطابق سب سے پہلی چھپائی جاپان میں ہوئی تھی۔ جاپان کے ایک بادشاہ شوٹوکو نے لگ بھگ 770 میں یا تو لکڑی کے بلاکوں کے ذریعے یا کسی دھات کی پتلی پتلی پلیٹوں پر کھدائی کر کے بدھ مذہب کی کچھ دُعائیں چھپوا کر اس کی تقریباً دس لاکھ کاپیاں لوگوں میں بٹوائی تھیں۔ مگر اس چھپائی کا ذکر تاریخ کی کتابوں میں تو مل جاتا ہے اس کی کوئی نقل ابھی تک نہیں مل سکی۔ اس وقت چھپی ہوئی جو کتاب سب سے پرانی موجود ہے وہ 868 کی بتلائی جاتی ہے، جس میں لکڑی کے بلاک سے ہی چھاپی ہوئی ایک تصویر بھی ہے۔ یہ کتاب کوئی سترّ پچھتر برس پہلے

ترکستان کے ایک غار میں رکھی ہوئی ملی تھی اور اب برٹش میوزیم میں محفوظ کر دی گئی ہے۔

مگر لکڑی کے بلاکوں، یا کسی دھات پر الفاظ کو کھود کر بہت سی کاپیاں چھاپ لینا کوئی آسان کام نہیں تھا۔ اصل میں ضرورت تھی کسی ایسی ایجاد کی جس کے ذریعے دھات کے چھوٹے چھوٹے حرف بہت سی تعداد میں بنا لیے جائیں۔ انھیں جوڑ جوڑ کر پہلے لفظ بنائے جائیں اور پھر ان سے جملے وغیرہ۔ اس طرح ایک صفحے میں ایک ایک حرف سے بنے ہوئے لفظوں اور جملوں کو کسی فریم میں کس کر جما دیا جائے۔ پھر اس فریم پر برابر روشنائی لگتی رہے اور کاغذ اس پر دبائے جاتے رہیں۔ اس طریقے کو انگریزی میں ٹائپ پریس، (Type Press) کہتے ہیں۔ اس طریقے میں پچھلے پانچ چھ سو سال میں بے حد ترقی ہوئی ہے اور صرف اردو کے اخباروں کو چھوڑ کر دنیا میں لگ بھگ ہر زبان کے اخبار اسی ٹائپ کے اصول پر چھپتے رہے ہیں۔

عام طور پر اس ایجاد کا سہرا جرمنی کے سر رکھا جاتا ہے۔ جرمنی میں ایک شخص جان گوٹن بَرگ (John Gutenberg) نے 1440 میں ایک ایسی ہاتھ کی مشین ایجاد کر لی جس میں ٹائپ کے حرفوں کے ذریعے چھپائی کی جا سکتی تھی۔ اس نے ٹائپ کے چھوٹے بڑے حروف بھی بنائے اور چھپائی کے لیے خاص روشنائی کو بھی ٹھیک کر لیا۔

چھپائی کی مشین کے روپ میں انسانی سماج کو ایک اتنا بڑا تحفہ مل گیا جس کا صحیح اندازہ شاید وہی لوگ لگا سکتے ہیں جن کے ہاتھوں میں پہلی بار چھپی ہوئی کتاب آئی ہو گی۔ خیر اتنا تو ہم سب بھی اچھی طرح جانتے ہیں کہ اگر چھپائی ایجاد نہ ہوئی ہوتی تو ہماری تہذیب، سائنسی ترقی، سیاست، کاروبار، کارخانے، بیوپار غرض پوری زندگی ابھی کئی سو سال پیچھے پڑی ہوتی۔

اور شاید یہ چھپی ہوئی کتابوں کی بھوک ہی تھی، جو یوروپ کے لوگ نہ معلوم کب سے برداشت کرتے چلے آرہے تھے کہ پریس کی ایجاد جنگل کی آگ کی سی تیزی کے ساتھ پورے یوروپ میں پھیل گئی۔ لگ بھگ پچاس سال کے عرصے میں پورے یوروپ میں چھاپہ خانوں کا ایک جال سا بچھ گیا۔ 1457 میں پہلی چھپی ہوئی کتاب لوگوں کے ہاتھ میں آئی اور اس صدی کے آخری حصّے تک پورے یوروپ میں لگ بھگ چالیس ہزار مختلف کتابیں چھپ کر لگ بھگ دو کروڑ کاپیاں بازار میں پہنچ گئیں۔

کچّے پکّے اخبار، اخبارچے

خیر۔ اب پریس چھپائی اور کتابوں کی کہانی کو تو یہیں چھوڑ دیں اور اپنی اخبار کی کہانی کو پھر آگے بڑھائیں۔ ہم وہاں تک پہنچے تھے کہ اخباروں کی ترقی میں چھپائی ایک رکاوٹ بنی ہوئی تھی۔ مگر یہ سوچنا تو پھر بھی صحیح نہیں ہو گا کہ جیسے ہی پریس بنے اور چھپائی شروع ہوئی فوراً آج جیسے اخبار لوگوں کے ہاتھوں میں آنے شروع ہو گئے۔ اصل میں اخبار کا تو خیال بھی بالکل نیا اور انوکھا تھا۔ چنانچہ اسے انسان کے دماغ میں جمتے جمتے کافی وقت لگ گیا۔ ہوا یہ کہ سولہویں صدی میں یوروپ کے ملک ایک دوسرے سے جنگ میں پھنسے ہوئے تھے۔ اس لیے ہر جگہ لوگ یہ چاہتے تھے کہ آس پڑوس اور سرحد کی خبریں انھیں برابر ملتی رہیں۔ چنانچہ اس زمانے میں جرمنی ہالینڈ بلجیم وغیرہ میں کبھی کبھی لوگ ایک پرچہ یا پمفلٹ چھاپ دیتے تھے، جس میں زیادہ تر تو جنگ کی ہی خبریں ہوتی تھیں، لیکن کبھی کبھی کوئی سیاسی خبر بھی چھاپ دی جاتی تھی۔ ایسے پرچے عام طور پر کتابوں کا کاروبار کرنے والے اپنی دکان کے اشتہار کے طور پر چھاپ لیتے تھے۔ اب ایسے پرچوں کو ہم پورا اخبار تو کیا کہیں، ہاں اخبارچہ کہنے میں کوئی حرج نہیں ہے۔ پھر کبھی کبھی پچھلے مہینوں کی کچھ خبریں جمع کر کے آٹھ سے چوبیس صفحوں کا ایک کتابچہ بھی چھاپ دیا جاتا تھا۔

خیال یہی ہے کہ یہ کام بھی سب سے پہلے جرمنی میں ہی شروع ہوا تھا۔ ایسے سب سے پُرانے جرمنی کے اخباری پمفلٹ جواب بھی رِکارڈ میں موجود ہیں، 1609 کے ہیں۔ جرمن زبان میں اس پمفلٹ کا نام Avisa Relation Oderzeitling تاریخ میں اخبار جیسی کوئی چیز بھی سب سے پہلے جرمنی سے ہی شروع ہوئی تھی۔ یہ اخبار 1616 سے 1866 تک نکلتا رہا۔ اس کا بہت لمبا سانام تھا Frankferter Oberpostamtezeitung۔ لگ بھگ اسی زمانے میں بلجیم میں بھی ایسے ہی کچھ پرچے نکلنے شروع ہو گئے تھے۔ اور پھر یوروپ کے دوسرے ملک بھی ان اخبارچوں کی اشاعت میں زیادہ پیچھے نہیں رہے۔

2/ دسمبر 1620 کو انگلستان میں بھی لوگوں کے ہاتھ میں پہلا اخبارچہ پہنچ گیا۔ اس وقت تازہ خبریں چھاپنے والے پرچے کو کورانٹو (Coranto) کہا جاتا تھا۔ کورانٹو لاطینی زبان کا لفظ ہے، جس کے معنی ہیں دوڑنا۔ چونکہ اس قسم کے اخباری پرچوں میں کچھ گرم گرم خبریں بھی ہوتی تھیں اور انھیں تیزی سے بیچا جاتا تھا۔ شاید اسی لیے ان کا نام کورانٹو یا دوڑتا ہوا رکھا گیا تھا۔ پہلا کورانٹو لگ بھگ دس انچ لمبا اور چھ انچ چوڑا تھا اور کاغذ کے صرف ایک طرف چھپا ہوا تھا۔

اس کے بعد اگلے چند سالوں میں بہت سے کورانٹو لگ بھگ پابندی سے نکلنے لگے۔ اِن میں کچھ ہفتہ واری بھی تھے، جو سائز میں کچھ چھوٹے ہوتے تھے مگر اِن میں صفحے زیادہ ہوتے تھے۔ اِن اخبارچوں کی ایک خصوصیت یہ بھی تھی کہ ان میں دوسرے ملکوں کی خبریں زیادہ ہوتی تھیں تاکہ ان کے جھوٹ سچ ہونے کی تصدیق نہ کی جاسکے۔ اپنے ملک

کی جو خبریں چھاپی جاتی تھیں ان کا کوئی سر پیر نہیں ہوتا تھا۔ پھر چونکہ خبریں حاصل کرنے کا ابھی کوئی ذریعہ بھی نہیں تھا اس لیے صحیح خبریں دینا تقریباً ناممکن ہی تھا۔

1642 میں انگلستان کے میرین مرکری (Marine Mercury) میں چھپی ایک دلچسپ خبر پڑھ کر ممکن ہے تمہیں بھی مزہ آئے۔

ایک انسان نما مچھلی (تم چاہو تو اسے جل پری کہہ لو) کا دریائے ٹھیمس کے تین میل کے علاقے میں حیرت ناک ظہور۔ اس کے ایک ہاتھ میں ایک بندوق تھی اور دوسرے ہاتھ میں کاغذ پر لکھی ہوئی ایک اپیل۔ ملاحوں کی تصدیق کی ہوئی اور قابلِ اعتبار خبر کنبوں نے اسے دیکھنے کے ساتھ ساتھ اس سے بات بھی کی۔

لگ بھگ ایسی ہی ایک خبر 1653 میں ایک اور اخبارچے مرکیوریس ڈیمیٹریکس میں چھپی تھی۔

ایک بالکل مکمل جل پری جسے پچھلی سخت آندھی میں لہروں نے گرینچ کے ساحل پر پھینک دیا تھا دیکھی گئی ہے۔ اس کے ہاتھ میں ایک کنگھا اور دوسرے میں آئینہ تھا۔ اسے شکل و صورت کے اعتبار سے دنیا کی خوبصورت ترین عورت کہا جا سکتا تھا۔ جو اپنے بازو ایک دوسرے پر جمائے، موتی جیسے چمکدار آنسو بہا رہی تھی۔ تھوڑی دیر بعد اس نے بڑی نزاکت کے ساتھ ریت پر کروٹ بدلی اور پھر پوری شان و شوکت کے ساتھ پانی میں لہراتی ہوئی آنکھوں سے اوجھل ہو گئی۔

خیر! چھوڑو اِن سچے جھوٹے قصوں کو۔ ہم تو اپنی کہانی کو اور آگے بڑھائیں۔ ہوا یہ کہ انگلستان میں ایسے چھوٹے چھوٹے اخبارچوں کا ایک فیشن سا ہو گیا اور برساتی مینڈکوں کی

طرح ہر طرف یہ پرچے نظر آنے لگے۔ مگر ان میں کبھی انگلستان کی حکومت پارلیمنٹ یا سرکاری افسروں پر بھی چھینٹے اچھال دیے جاتے تھے۔ چنانچہ انگلستان کی حکومت اس نئی بیماری سے جلد ہی چونک پڑی اور سترہویں صدی کے لگ بھگ درمیانی حصے میں جب ایسے اخبارچوں کی عمر پچیس تیس سال سے زیادہ نہیں ہوئی تھی، حکومت نے ان میں سے زیادہ تر پرچوں پر پابندی لگا دی۔ مگر اس چھوٹے سے عرصے میں ہی ایک یہ بات کام کی ہو گئی کہ خبر سن جاننے کا تھوڑا بہت شوق کچھ لوگوں میں پیدا ہو گیا۔

(۳) تیسرا باب: نئے اخبار

اب ہم کہانی کے اس حصے تک پہنچ چکے ہیں جہاں یوروپ میں کچے پکّے اخبار یا اخبارچے نکلنے شروع ہو چکے ہیں۔ یوروپ کے لگ بھگ سارے بڑے ملکوں جرمنی بلجیم اٹلی برطانیہ آسٹریلیاوغیرہ میں وقت کے تھوڑے بہت فرق کے ساتھ اخباروں کی پہلی کھیپ قریب قریب ایک ہی زمانے یعنی سترہویں صدی کے ابتدائی برسوں میں نظر آنے لگی تھی، اور اس کے بعد تھوڑے بہت اُتار چڑھاؤ کے ساتھ یوروپ میں اخبار ترقی کرتے رہے۔

کہانی کو آگے بڑھانے سے پہلے ایک بار پھر یہ بات صاف کر دی جائے کہ ان تمام جگہوں پر بھی ابھی کوئی روزانہ اخبار نکلنا شروع نہیں ہوا تھا۔ جتنے اور جیسے اخبار بھی چھپتے تھے، انھیں ہم رسالے یا اخباری کتابچے کا نام دے سکتے ہیں۔ یہ مقررہ وقت یعنی ماہانہ، پندرہ روزہ، ہفتہ واری بھی ہوتے تھے اور ایسے بھی تھے جن کے چھپنے کا کوئی وقت مقرر نہیں تھا۔

ایک اور بات بھی یہیں بتلا دی جائے۔ یوروپ کے تمام ملکوں میں اخباروں کی شروعات یا ان کا پھیلاؤ چونکہ قریب قریب ایک جیسا ہی رہا ہے اس لیے ہر ملک کی کہانی الگ الگ دہرانے سے کوئی خاص فائدہ نہیں ہے۔ اور یہ بات بھی غلط نہیں ہے کہ صرف اخباروں کی تاریخ میں ہی نہیں، اگلی دو تین صدیوں کی پوری تاریخ میں انگلستان ہی باقی ملکوں سے کچھ آگے رہا ہے۔ اس لیے ہم خاص طور پر انگلستان کے اخباروں پر ہی نگاہ

رکھیں گے۔

اچھا، تو ہم برطانوی اخباروں بلکہ اخبارچوں کے سلسلے میں یہاں تک پہنچے تھے کہ 1632 میں حکومت نے زیادہ تر اخبارچوں کی اشاعت پر پابندی لگا دی تھی۔ لیکن اس کا یہ مطلب بھی نہیں تھا کہ سچ مچ سارے اخبار ایک ساتھ چھپنا ہی بند ہو گئے۔ لوگوں کو اخبار اور رسالے چھاپنے کی کچھ عادت سی ہو گئی تھی۔ اور اس سے بھی زیادہ یہ کہ لوگوں میں خبریں جاننے کا کچھ کچھ شوق پیدا ہو گیا تھا۔ چنانچہ چوری چھُپے اخبارچے اور اخباری کتابچے چھپتے بھی رہے اور بکتے بھی رہے۔ بس ان کی تعداد میں ضرور کچھ کمی آ گئی۔ مگر جلدی ہی انھیں تیزی سے اُبھرنے کا ایک نیا موقع مل گیا۔

برطانیہ میں سیاسی کشتی اور پلٹے

برطانیہ کی حکومت بھی اپنے ڈھنگ کی انوکھی حکومت ہے۔ اس میں بادشاہ بھی ہوتا ہے اور پارلیمنٹ بھی۔ شروع شروع میں تو بادشاہ کی طاقت ہی ملک میں سب سے بڑی طاقت مانی جاتی تھی، جس میں پارلیمنٹ بادشاہ کو صرف مشورہ دیتی تھی۔ مگر کچھ آگے چل کر پارلیمنٹ نے ملک کا کام کاج چلانے میں زیادہ طاقت حاصل کرنے کی کوشش شروع کر دی۔

1625 میں برطانیہ کے تخت پر ایک بادشاہ بیٹھا جس کا نام چارلس اوّل (Charles-I) تھا۔ اس کے تخت پر بیٹھتے ہی اس کا پارلیمنٹ سے جھگڑا شروع ہو گیا۔ برطانیہ کے بادشاہ اور پارلیمنٹ میں طاقت اور اختیارات کی کھینچ تان میں اور جو کچھ بھی ہوا اُسے تو تاریخ والے جانیں، مگر ایک بات بہت خاص ہوئی، وہ یہ کہ آہستہ آہستہ بادشاہ کی طاقت کم ہوتی گئی اور پارلیمنٹ کی طاقت بڑھتی چلی گئی۔ اس کے نتیجے میں اخباروں کے ابھرتے ہوئے پودے کو تو جیسے تازہ ہوا اور اچھی کھاد مِل گئی۔ اخباروں کی بن آئی، اور

نئے نئے اخبار نکلنے شروع ہوئے۔ اس میں اخباروں کی تعداد بڑھنے کے علاوہ جو بات خاص ہوئی۔ وہ یہ تھی کہ اخباروں کو اِدھر اُدھر کی جھوٹی سچی خبریں چھاپنے کے بجائے باقاعدہ سیاسی میدان ہاتھ آ گیا۔ اور یہی وہ اصلی میدان ہے جس میں اخباری گھوڑے پوری آزادی سے دوڑتے ہیں۔ اسی وقت سے اخباروں کو بھی ایک سیاسی ہتھیار سمجھا جانے لگا۔ پھر دوسری خاص بات یہ ہوئی کہ اخباروں میں عام آدمی کی دلچسپی دونی چوگنی ہو گئی اور لوگوں کو خبریں جاننے کی عادت سی پڑ گئی۔ انگلستان میں جو لوگ اخبار خود نہیں پڑھ سکتے تھے وہ دوسروں سے پڑھوا کر سنتے تھے، جو خرید نہ سکتے تھے، وہ دوسروں سے مانگ کر پڑھ لیتے تھے۔ مگر اب بھی روزانہ اخبار نکلنے شروع نہیں ہوئے تھے۔

انگلستان میں اِن سیاسی پلٹوں کا اثر اخباروں پر بھی پڑتا رہا۔ چنانچہ اگلے بادشاہ چارلس دوم (Charles II) نے پہلا حملہ اخباروں پر ہی کیا۔

اگر حکومت اپنے افسروں کے ذریعے اخبار میں چھپنے والی خبروں اور مضمون وغیرہ کو اُن کے چھپنے سے پہلے دیکھنا چاہتی ہے اور اُن میں کاٹ چھانٹ کرتی ہے، یا کچھ چیزوں کی اشاعت کو بالکل منع کر دیتی ہے تو اسے حکومت کی طرف سے اخباروں کو سینسر (Censor) کرنا کہتے ہیں۔ چنانچہ چارلس دوم نے 1660 میں اخباروں پر سینسر بھی لگایا اور عام اخباروں پر پابندی بھی لگائی۔ یہ سینسر صرف اخباروں پر ہی نہیں بلکہ ہر قسم کی چھپائی پر لگایا گیا تھا۔

مگر یہ تصویر کا صرف ایک رُخ تھا۔ دوسرا رُخ یہ تھا کہ پورے ملک میں چھاپہ خانے موجود تھے، لوگوں کو اخبار پڑھنے کی کچھ کچھ عادت بھی پڑ چکی تھی۔ اس لیے ایک بار پھر غیر قانونی اور چھُپے چوری چھاپے جانے والے اخبارچوں کا بازار گرم ہو گیا۔ لوگ انھیں چھُپ چھُپ کر پڑھتے بھی تھے۔ حکومت ان کے چھاپنے والوں کو سخت سخت سزائیں بھی

دیتی تھی، مگر ان غیر قانونی اخبارچوں کا سلسلہ بڑھتا ہی رہا۔

اس غیر قانونی چھپائی کے سلسلے میں یوں تو بہت سے لوگوں کو سزائیں دی گئیں، مگر ایک شخص کو حکومت کی طرف سے جو سزا سنائی گئی تھی اس کی تفصیل پڑھ کر تو رونگٹے کھڑے ہو جاتے ہیں۔ ٹوائن نامی ایک شخص نے، جس کا پیشہ ہی چھپائی تھا، اپنے بچوں کی بھوک سے عاجز آ کر، ایک چھوٹا سا پمفلٹ چھاپنا منظور کر لیا تھا جو حکومت کی پالیسی کے خلاف تھا۔ حالانکہ یہ پرچہ ابھی چھپا بھی نہیں تھا، لیکن عدالت نے اس کے چھاپنے کا ارادہ کرنے پر ہی ٹوائن کو مجرم ٹھہرایا اور اسے سزا دی گئی۔ اسے پہلے پھانسی پر لٹکایا جانا تھا، اور دم نکلنے سے پہلے وہاں سے اتار کر اس کے ہاتھ پیر توڑ کر، سر کاٹ کر، جسم کو چار حصوں میں بانٹ کر شہر کے مختلف حصوں میں ان ٹکڑوں کی نمائش کی جانی تھی۔

لیکن دوسری طرف انگلستان کی حکومت بھی یہ بات پوری طرح سمجھ گئی تھی کہ اب اخبار کو بالکل ختم نہیں کیا جا سکتا۔ چنانچہ خود اُس نے ہی ایک سرکاری اخبار آکسفورڈ گزٹ (Oxford Gazette) 1665 میں نکالنا شروع کیا۔ اس اخبار کا نام سال بھر بعد لندن گزٹ (London Gazette) ہو گیا۔ عام طور پر اسی اخبار کو انگلستان کا پہلا با قاعدہ اخبار مانا جاتا ہے، چونکہ یہ ہفتے میں دوبار منگل اور جمعے کو نکلتا تھا۔ اپنی شکل صورت کے اعتبار سے بھی یہ آج کل کے اخبار سے کافی ملتا جلتا تھا چونکہ یہ بڑے کاغذ پر چھپتا تھا اور اس میں دو کالم بھی ہوتے تھے۔

اخباروں کی نئی فصل ۔۔ پہلا روزنامچہ

ستر ہویں صدی کے آخری حصے اور اٹھارہویں صدی کے شروع کے دس بارہ برسوں میں انگلستان میں نئے اخباروں، رسالوں، میگزینوں وغیرہ کی ایک بھرپور فصل سی پیدا ہو گئی۔

اس نئی فصل کے زمانے میں وہ دن بھی آیا جب دنیا والوں نے پہلا روزنامچہ یا روزانہ اخبار دیکھا۔ یہ لندن کا ایک بڑے بڑے کاغذ پر دو کالموں میں صرف ایک طرف چھپا ہوا ڈیلی کورنٹ (Daily Courant) تھا۔ کورنٹ فرانسیسی زبان کا لفظ ہے، جس کے معنی ہیں دوڑنے والا۔

اس اخبار کی تاریخ پیدائش تو صحیح صحیح معلوم نہیں ہو سکی مگر سنہ پیدائش 1702 تھا۔ اس طرح اب 1985 میں یہ کہہ سکتے ہیں کہ دنیا میں روزانہ اخباروں کی عمر کچھ اوپر پونے تین سو برس ہو چکی ہے۔ یہ پہلا ایسا اخبار تھا جس میں سیاسی خبروں کے علاوہ شہر اور ملک کی خاص و عام خبریں بھی ہوتی تھیں۔ ظاہر ہے یہ اخبار لندن میں ہاتھوں ہاتھ لیا گیا ہو گا۔ چونکہ اس کی قیمت صرف ایک پینی، یعنی آج کے ہمارے پیسوں میں لگ بھگ اُنیس پیسے تھی۔ یہ صحیح ہے کہ اس زمانے میں لندن میں عام آدمی، اور خاص طور پر غریب آدمی کے لیے تو روزانہ ایک پینی خرچ کرنا بھی آسان کام نہیں تھا، مگر پھر بھی ایسے کتنے ہی لوگ تھے جو آسانی سے اس اخبار کے لیے اتنے پیسے خرچ کر سکتے تھے۔

انگریزی میں ڈاک کو پوسٹ (Post) کہتے ہیں۔ اور ڈاک اور اخبار کا ہمیشہ چولی دامن کا ساتھ رہا ہے۔ آج بھی دنیا کے ہر بڑے اخبار کے دو ایڈیشن چھپتے ہیں شہر میں بکنے والا شہری ایڈیشن اور ہوائی جہاز اور ریلوں وغیرہ سے باہر جانے والا ڈاک ایڈیشن۔ شروع میں تو اخبار کچھ ایسے وقت اور خاص ان دونوں میں ہی چھاپے جاتے تھے جس وقت گھوڑوں سے چلنے والی پوسٹ یعنی ڈاک گاڑیاں چھوٹتی تھیں۔ چنانچہ اس زمانے کے کچھ اخباروں کے ساتھ پوسٹ کا لفظ بھی چپک گیا۔ اٹھارہویں صدی کے کچھ اخباروں کے نام پوسٹ بوائے (Post Boy) پوسٹ مین (Post Man) فلائنگ پوسٹ (Flying post) وغیرہ بھی تھے۔ پھر یہ لفظ، یعنی پوسٹ (Post) بھی اخباری دنیا کا ہی ہو کر رہ گیا۔

چنانچہ آج بھی دنیا کے بہت سے اخباروں کے ناموں میں پوسٹ کا لفظ شامل ہے۔

ہاں، تو ذکر یہ ہو رہا تھا کہ اٹھارہویں صدی کے شروع میں اخباروں، رسالوں اور میگزینوں وغیرہ کی ایک بھرپور فصل تیار ہو گئی۔ اس میں طرح طرح کے اخبار اور رسالے نکلے۔ سنجیدہ بھی اور مزاحیہ بھی، سیاسی بھی اور غیر سیاسی بھی، سماجی بھی اور ادبی بھی۔ ایک رسالہ عورتوں کے لیے بھی نکلا۔ کچھ اخبار تو صرف اِدھر اُدھر کی گپ شپ کے لیے ہی نکالے گئے تھے، جن میں صرف سنسنی پیدا کرنے والی جھوٹی سچّی خبریں ہوتی تھیں۔ کچھ اچھے اخباروں اور رسالوں کو چھوڑ کر زیادہ تر اخباروں میں چھپی ہوئی خبریں من گھڑت جھوٹی یا پھانس کا بانس قسم کی ہوتی تھیں۔ کم سے کم اُن پر پوری طرح اعتبار تو نہیں کیا جا سکتا تھا۔

مگر اِسی زمانے کی اخبار ی دنیا کی ایک دوسری خصوصیت بھی تھی۔ اور یہی وہ بات تھی جس کی وجہ سے اخبار چلے، جمے اور دنیا کے لوگوں نے انھیں قبول کیا۔ اٹھارہویں صدی میں اس وقت کے انگریزی کے تقریباً سب بڑے بڑے ادیب، شاعر، لکھنے والے لوگ کسی نہ کسی اخبار میں بھی کام کرتے تھے یا اس کے لیے کچھ لکھتے رہتے تھے۔ بڑے ہو کر اگر تم نے انگریزی ادب پڑھا تو اور بہت سے لکھنے والوں کے ساتھ کچھ ایسے انگریزی ادیبوں کے نام بھی پڑھو گے جو ناول نگار، مضمون نگار یا شاعر ہونے کے ساتھ ساتھ کسی نہ کسی اخباری دنیا میں بھی ضرور لگے رہے۔ جیسے مضمون نگار، سر رچرڈ اسٹیل (Sir Richard Steel)، مضمون نگار اور شاعر جوزف ایڈیسن (Joseph Addison) ادیب جوناتھن سُوفٹ (Jonathan swift) ان کی ایک مشہور اور انتہائی دلچسپ کتاب گلیورس ٹریول (Gullivers Travels) شاید تم نے پڑھی بھی ہو۔ بابائے صحافت یا (Father of Journalism)، ناول نگار اور ادیب ڈینیل ڈیفو

(Daniel Defoe)جو ایک اور مشہور کتاب رابنسن کروسو(Robinson Cruso)کے مصنف بھی تھے۔ان میں سے اسٹیل اور ایڈیسن نے تو خود بھی اخبار نکالے تھے۔ ظاہر ہے کہ جب اتنے قابل اور پڑھے لکھے لوگ کچھ اخباروں اور رسالوں سے تعلق رکھیں گے یا اُن میں لکھتے رہیں گے، تو ان کا معیار گھٹیا نہیں رہے گا۔

پھر اسی زمانے میں اخباروں میں چھپی خبروں یا مضمونوں وغیرہ کو ایک کتاب یا رسالے کی شکل میں دوبارہ چھاپنے کا ایک نیا تجربہ بھی کیا گیا۔ایسے رسالے کو انگریزی میں ڈائجسٹ(Digest) کہتے ہیں۔ انگریزی کا ایک ڈائجسٹ جو آج بھی لگ بھگ ساری دنیامیں مشہور ہے ریڈرس ڈائجسٹ(Readers' Digest)۔ہے

اسی وقت سے اخباروں میں حکومت کی پالیسیوں اور کاموں پر اعتراض اور نکتہ چینی کرنے کا طریقہ بھی شروع ہوا۔ ہر اخبار کی اپنی الگ پالیسی بنی۔ مثال کے طور پر اگر کوئی اخبار حکومت کے موافق پالیسی رکھتا ہے تو وہ حکومت کے کسی کام کو بڑھا چڑھا کر پیش کرے گا۔ دوسرا اخبار حکومت کے کاموں پر نکتہ چینی کی پالیسی اپنائے ہوئے ہے، وہ اُسی کام میں کمزوریاں ڈھونڈ کر اپنی خبر میں اُنہیں اُجاگر کرنے کی کوشش کریگا۔ چنانچہ تم آج بھی کوئی دو بڑے اخبار اٹھالو اور اُنہیں کئی دن پابندی سے پڑھو تو یہ فرق تمہیں خود ہی محسوس ہونے لگے گا۔

اخباروں میں لوگوں کی دلچسپی بڑھانے کے لیے ہر زمانے میں عجیب عجیب ترکیبیں کی جاتی رہی ہیں۔ چنانچہ اِسی سلسلے میں ایک طریقہ یہ بھی نیا نکالا گیا کہ پورے پورے ناول یا لمبی لمبی کہانیاں قسط وار اخباروں میں چھپنے لگیں۔لوگ قصے کو آگے پڑھنے کے شوق میں اخبار کے اگلے شمارے کا بے چینی سے انتظار کرتے رہتے۔ ابھی کچھ دیر پہلے تم نے سوِفٹؔ کے ناول رابنسن کروسو کا نام سنا تھا۔ یہ ایسا پہلا ناول تھا جو لندن پوسٹ

(London Post) میں ایک سو پینسٹھ قسطوں میں چھپا تھا۔

صرف خبریں چھاپنے کے علاوہ ایک کام اس زمانے میں اور بھی بہت خاص کیا گیا۔ وہ تھا کسی خبر یا کئی خبروں پر اخبار کی طرف سے رائے دینا۔ یہ کام بھی سوِفٹ اور ڈی فو نے ہی شروع کیا تھا۔ اسے ایک اہم چیز کی بنیاد بھی کہہ سکتے ہیں جو آج ہر اخبار کا انتہائی ضروری اور خاص حصہ سمجھی جات ہے یعنی ایڈیٹوریل یا اداریہ۔ آج تم کوئی بھی اخبار اٹھا لو تمھیں اس کے کسی صفحے پر تمام خبروں سے الگ ایک یا دو اہم خبروں پر تبصرہ یا اُن کے متعلق چھوٹا سا مضمون ملے گا جس میں اخبار کی پالیسی کے مطابق رائے ظاہر کی گئی ہو گی۔ اسے انگریزی میں ایڈیٹوری اور اردو میں اداریہ کہتے ہیں۔

اٹھارہویں صدی کے شروع میں اخبار کے پھیلاؤ کا اندازہ اس سے لگایا جا سکتا ہے کہ 1711 میں ایک ہفتہ میں صرف لندن شہر میں ہی مختلف اخباروں کی چوالیس ہزار (44000) کاپیاں بک جاتی تھیں۔

اچھے اخباروں کی پریشانیاں، کوششیں

جی ہاں صاحب، ہماری دنیا میں کبھی کبھی اچھائی بھی پریشانی پیدا کرتی ہے۔ انگلستان میں اٹھارہویں صدی کے شروع کے برسوں میں اچھے بُرے ہر طرح کے اخبار نکلنے لگے تھے۔ اچھے اخباروں میں ملک کے بہت قابل لوگ لگے ہوئے تھے۔ انھوں نے حکومت کی پالیسیوں پر آزادی کے ساتھ اپنے خیالات کو ظاہر کرنا شروع کر دیا تھا۔ اور ان کی کہی ہوئی بات کا عام لوگوں پر اثر بھی بہت ہوتا تھا۔ پھر بھی ان اخباروں کی اچھائی عام لوگوں کو چاہے کتنی بھی پسند ہو، حکومت کو ضرور اس سے پریشانی پیدا ہونی شروع ہو گئی۔ چنانچہ حکومت نے اِن اخباروں کے پھیلاؤ کو کم کرنے کے لیے اُس کاغذ پر ٹیکس لگانا شروع کر دیا جس پر اخبار چھپتے تھے۔ ظاہر ہے اس کی وجہ سے اخباروں کی قیمت بڑھنے لگی۔ دوسری

طرف یہ نقصان ہوا کہ لوگوں نے غیر قانونی طور پر بغیر ٹیکس ادا کیے اور پھر چھپے چوری اخبار نکالنے شروع کر دیے اور ایماندار قسم کے لوگوں کو کچھ بہت اچھے اخباروں کو بند کرنا پڑا۔

مگر اچھے اخبار چھاپنے والوں نے بھی ہمت نہیں ہاری۔ کچھ منچلے، دھُن کے پکے لوگ اس کی ترقی کے لیے کام کرتے رہے۔ چنانچہ اٹھارہویں صدی کے آخری حصے میں ہی انگلستان کے اخباروں میں سب سے زیادہ ترقی ہوئی۔

اخبار کے لیے خبریں جمع کرنے والے کو انگریزی میں رپورٹر (Reporter) اور اردو میں نامہ نگار کہتے ہیں۔ اب آج تو ہر اخبار کے سیکڑوں رپورٹر ہوتے ہیں۔ جیسے سیاسی رپورٹر، کھیل کودیا اسپورٹس کے رپورٹر، آرٹس اور فن کے رپورٹر، جُرموں کے رپورٹر، سائنس کے رپورٹر وغیرہ وغیرہ۔ مگر اُس وقت یعنی اب سے کوئی دو سال پہلے اول تو اخبار باقاعدہ اپنے رپورٹر رکھتے ہی نہیں تھے، کوئی بھی شخص جو اس کام میں لگا ہوا ہوتا، اگر کوئی خبر کوئی لکھ کر لاتا اور اخبار کے ایڈیٹر کو وہ خبر دلچسپ لگتی تو اس کی بہت تھوڑی سی قیمت ادا کر کے اُسے خرید لیا جاتا۔ لیکن کچھ بڑے اور اچھے اخبار خاص طور پر سیاسی خبریں جمع کرنے کے لیے اپنے رپورٹر بھی رکھنے لگے تھے۔

کچھ دن بعد ان رپورٹروں کو پارلیمنٹ کی بحثوں کو سننے کی بھی اجازت مل گئی۔ مگر نہ انھیں اپنے ساتھ کاغذ قلم لے جانے کی اجازت ہوتی، نہ لکھنے کی اور نہ کوئی ایسا طریقہ ہی ایجاد ہوا تھا جس کے ذریعے تقریریں تیزی سے لکھی جا سکیں۔ چنانچہ ان رپورٹروں کو صرف اپنی یادداشت پر ہی اعتبار کر کے اخباروں میں خبریں دینی ہوتیں۔ اور پھر مشکل یہ کہ اگر کسی پارلیمنٹ کے ممبر یا کسی لیڈر کی تقریر کی تفصیل لکھتے ہوئے کوئی غلطی ہو گئی تو وہ ان رپورٹروں اور ایڈیٹروں کی جان کو آجاتا تھا۔

ممکن ہے آپ نے انگریزی کے ایک بہت بڑے ناول نگار چارلسؔ ڈِکنس (Charles Dickens) کا نام سنا ہو گا۔ یہ ایک روزنامہ اخبار مورننگ کرانیکل 'Morning Chronicle} میں پارلیمنٹ کے رپورٹر ہو گئے تھے۔ انھوں نے کافی دن بعد 1830 میں ایک جگہ اپنی حالت کو کچھ اس طرح بیان کیا تھا کہ اس سے اُس زمانے میں خبریں جمع کرنے کی پریشانیوں کا پورا اندازہ ہو جاتا ہے۔

کتنی ہی بار میں نے ایسی اہم تقریروں کو جن میں بے حد احتیاط اور بالکل ٹھیک ٹھیک بیان کی ضرورت تھی۔۔۔۔ صرف یادداشت کی بنیاد پر بول بول کر لکھوا دیا ہے. ایسی تقریریں جن میں ذرا سی غلطی بھی مجھ جیسے نوجوان رپورٹر کو انتہائی نقصان پہنچا سکتی تھی۔ اندھی سی لالٹین کی روشنی میں میں اپنی ہتھیلی پر نوٹس لیتا رہتا تھا۔ چار گھوڑوں کی ڈاک گاڑی رات کے سناٹے میں جنگل کے راستوں پر اس وقت کی حیرتناک 15 میل فی گھنٹہ کی رفتار سے دوڑتی رہتی۔۔۔۔ دھواں دھار اور جوشیلی تقریریں سننے کے بعد سیدھا پریس واپس لوٹتا۔ میں یقین سے کہہ سکتا ہوں کہ میں نے ملک میں چلنے ولی شاید ہر قسم کی گاڑی میں بیٹھنے کی تکلیف برداشت کی ہے صرف اس لیے کہ میں اخبار کی اشاعت کے لیے ٹھیک وقت پر پہنچ سکوں۔ میں نے لندن سے چالیس پچاس میل کے فاصلے سے بغیر پہیّوں کی گاڑی میں دَلدَل میں اٹی سڑکوں پر رات کے اندھیرے میں بھی سفر کیا ہے، جس کے گھوڑے تھکن سے اور گاڑی بان نشے سے چور ہوتا تھا۔

ایک حیرتناک صحافی ولیمؔ یادداشت

جس طرح افسانہ لکھنے والے کو افسانہ نگار اور ناول لکھنے والے کو ناول نگار کہتے ہیں، اس طرح اخبار میں خبریں جمع کرنے والے مضمون لکھنے والے اور ایڈیٹر وغیرہ کو انگریزی میں جرنلسٹ (Journalist) اور اردو میں صحافی کہتے ہیں۔

لندن میں ایک خاندان تھا جسے ووڈ فال (Wood Fall) کے نام سے یاد کیا جاتا تھا۔ اس خاندان میں اتفاق سے باپ بیٹے، سب کا پیشہ صحافت ہی تھا۔ اسی میں ایک صاحب تھے ولیم ووڈ فال۔ انھوں نے ہی 1769 میں ایک روزانہ اخبار مارننگ کرانیکل نکالنا شروع کیا تھا۔ جس کا ذکر ابھی اوپر ہو چکا ہے۔ نہ معلوم ولیم ووڈ فال صاحب کو قدرت نے کس بلا کی یاد داشت عطا کی تھی۔ یہ پارلیمنٹ میں ہونے والی لمبی لمبی بحثوں کو آدھی آدھی رات تک بیٹھے سنتے رہتے تھے۔ پھر دوڑتے ہوئے اپنے اخبار کے دفتر آتے تھے اور صبح کو کبھی کبھی اخبار کے بیس بیس کالموں میں اس بحث کی تفصیل چھپتی تھی۔ لوگ اس کی تفصیل اور صحیح صحیح رپورٹ کو دیکھ کر حیران رہ جاتے تھے۔ ان کو اس غیر معمولی یاد داشت کی خصوصیت کی وجہ سے انھیں ولیم میموری (یاد داشت) کے عرف سے یاد کیا جاتا تھا۔ چنانچہ آج تک بھی کتابوں میں ان کے نام کے ساتھ میموری بھی لکھا جاتا ہے۔

دنیا کا ایک بڑا اخبار ٹائمس

اسی زمانے میں لندن سے ایک ایسا اخبار نکلنا شروع ہوا، جو اٹھارہویں صدی کا تو سب سے بڑا اخبار مانا ہی جاتا تھا، اسے آج بھی دنیا کا ایک سنجیدہ اخبار سمجھا جاتا ہے۔

لندن کے اخبار دی ٹائمس (The Times) کے پہلے مالک تھے جان والٹر (John Walter)۔ اچھے اخبار کے متعلق ان کا ایک قول تم نے اس کہانی کے شروع میں پڑھا بھی ہے۔ جان والٹر شروع میں کوئی صحافی بھی نہ تھے۔ پہلے یہ کوئلے کا کاروبار کرتے تھے اور پھر بیمہ ایجنٹ ہو گئے تھے۔ مگر انھیں اچھے اخبار سے بہت دلچسپی تھی۔ چنانچہ انھوں نے 1785 کے پہلے دن سے ایک ڈیلی یونیورسل رجسٹر، (Daily Universal Register) نام کا ایک روزانہ اخبار نکالنا شروع کیا۔ دو تین سال بعد اس کا نام دی ٹائمس

ہو گیا اور آج تک یہ اسی نام سے نکلتا ہے۔

ٹائمس کی کچھ باتیں شروع سے ہی بہت خاص تھیں۔ پہلی تو یہ کہ یہ صبح کو ٹھیک چھ بجے لوگوں کے ہاتھوں میں پہنچ جاتا تھا۔ پھر سیاسی خبروں، عام خبروں اور اشتہاروں وغیرہ کو بڑے ڈھنگ اور ایک تناسب سے اس میں دیا جاتا تھا۔ ایسا نہیں تھا کہ اخبار صرف سیاسی بحثوں سے بھرا ہوا ہو، یا اخبار کے زیادہ حصے میں صرف اشتہار ہی اشتہار چھاپ دیے جائیں۔ اس کے اصولوں میں زیادہ سے زیادہ خبریں دینا ضرور شامل تھا، مگر صرف اتنی تفصیل کے ساتھ کہ پڑھنے والے کی سمجھ میں آ جائے اور ان میں اس کی دلچسپی بھی باقی رہے۔ اس اخبار میں خبریں بھی سب سے پہلے نظر آتی تھیں۔ اس کے لیے والٹر صاحب نے بہت سے رپورٹر رکھے۔ انگلستان میں بھی اور دوسرے ملکوں میں بھی۔ ایک بہت خاص بات یہ بھی تھی کہ ٹائمس میں چھپی کسی خبر کو مشکل سے ہی غلط ثابت کیا جا سکتا تھا۔ اسی طرح چھپائی، خبروں کو حاصل کرنے، اور دنیا کی نئی سے نئی ایجادوں کو اخبار میں استعمال کرنے کے سلسلے میں ہمیشہ ٹائمس نے ہی پہل کی۔

دوسرے ملکوں میں اپنے رپورٹر بھیجنے کی پہل بھی ٹائمس نے ہی کی۔ 1814 میں جیسے ہی بھاپ کی طاقت سے چلنے والی چھاپہ مشین ایجاد ہوئی تو ٹائمس نے فوراً اسے اپنا لیا۔ اور اس طرح یہی اخبار ہاتھ کی چھاپہ مشین سے بھی سب سے پہلے آزاد ہوا۔ پھر جب انیسویں صدی کے لگ بھگ درمیانی حصے میں ٹیلیگراف کے ذریعے پیغام آنے لگے تو سب پہلے اسی اخبار نے خبریں حاصل کرنے کے لیے اس طریقے کو بھی اپنا لیا۔

جان والٹر نے اچھے اخبار کے کچھ ایسے ہی اصول دیے تھے کہ ترقی اور مشینی تبدیلیوں کے باوجود، آج تک کسی اچھے اخبار کے لیے انہی اصولوں کو اپنایا جاتا ہے۔

اخبار اور کافی ہاؤس

تم کہو گے کہ کیا جوڑ ہے۔؟ جی ہاں! اخباروں اور کافی ہاؤس یا چائے خانوں کا بھی ایک زمانے میں بڑا گہرا رشتہ رہا ہے۔ اور اگر سچ پوچھو تو آج تک بھی یہ رشتہ کسی نہ کسی حد تک قائم ضرور ہے۔ شاید ہی کوئی چھوٹے سے چھوٹا ہوٹل یا چائے خانہ آج تمہیں ایسا ملے جس میں ایک دو اخباروں کے صفحے میز پر نہ پڑے ہوں اور لوگ چائے کے گرم گرم گھونٹوں کے ساتھ ساتھ تازہ خبروں کا ناشتہ نہ کر رہے ہوں۔ تو اب دیکھنا یہ ہے کہ یہ رشتہ قائم کیسے ہو گیا اور کافی ہاؤسوں نے اخباروں کی کس طرح مدد کی؟ مگر اس سے پہلے انیسویں صدی کے شروع میں یوروپ کی ذراسی جھلک دیکھنا بھی ضروری ہے۔

انیسویں صدی کے شروع میں جیسے ہی بھاپ سے چلنے والی مشینیں بننی شروع ہوئیں، انگلستان میں چھوٹے بڑے کارخانے قائم ہونے لگے۔ اس سے صرف پیداوار ہی نہیں بڑھی بلکہ انگلستان اور پھر بعد میں دنیا کے بہت سے ملکوں میں لوگوں کے رہن سہن، تہذیب، تعلیم، بلکہ پوری زندگی میں فرق آنے لگا۔ کارخانوں میں کام کرنے والے مزدوروں اور دوسرے محنت کرنے والوں کا ایک نیا طبقہ پیدا ہونے لگا۔ انگلستان میں مانچسٹر، برمنگھم اور شیفیلڈ وغیرہ نئے نئے بڑے بڑے شہر اُبھر آئے اور انگلستان کو دنیا کا کارخانہ کہا جانے لگا۔ اس تبدیلی کا ایک خاص اثر یہ بھی ہوا کہ عام لوگوں میں پڑھائی لکھائی کا چرچا بڑھا۔ یہ بات تو اس سے پہلے بھی کہی جا چکی ہے کہ جب تعلیم بڑھتی ہے تو پڑھے لکھے لوگوں میں اپنے آس پڑوس کی خبریں جاننے کا شوق بھی بڑھتا ہے۔

انگلستان میں اخبار موجود بھی تھے اور ان کی تعداد بھی بڑھ رہی تھی۔ مگر ان پر سرکاری ٹیکس لگا ہوا تھا، جو حکومت رہ رہ کر بڑھاتی جا رہی تھی۔ اس وقت ایک اخبار کی قیمت سات پینس (یعنی آج ہمارے ملک کی قیمت میں لگ بھگ ایک روپیہ چالیس پیسے)

تک پہنچ گئی تھی۔ ظاہر ہے، عام آدمی کے بس کی یہ بات نہیں تھی کہ وہ ایک اخبار روزانہ خرید سکے۔ چنانچہ ایسا بھی ہوتا تھا کہ لوگ کرائے پر لے کر اخبار پڑھتے تھے اور ایک گھنٹے کے لیے ایک پینی (بیس پیسے) اخبار کا کرایہ دیتے تھے۔

انھی دنوں انگلستان میں کافی پینے کا رواج بھی بڑھ رہا تھا اور کافی ہاؤس کھُل رہے تھے۔ ایک اندازے کے مطابق انیسویں صدی کے درمیانی حصے میں لندن شہر میں ہی لگ بھگ سولہ سو (1600) کافی ہاؤس موجود تھے۔ ان کافی ہاؤسوں نے اپنے گاہک بڑھانے کے لیے اخبار بھی منگوانے شروع کر دیے۔ اور پھر یہی ہوا کہ کافی ہاؤسوں نے اخباروں کی مدد کی اور اخباروں نے کافی ہاؤسوں کی۔ لوگ یہاں بیٹھ کر کافی پیتے، اخبار پڑھتے اور خبروں پر بحثیں کرتے۔

ان کے علاوہ کچھ ایسی لائبریریاں بھی کھلیں جہاں لوگ خود تو اخبار پڑھتے ہی تھے، اَن پڑھ لوگوں کو اخبار پڑھ کر بھی سُنایا جاتا تھا۔ کچھ اسکول صرف بڑے لوگوں کو اخبار پڑھنے پڑھانے کے لیے بھی کھولے گئے۔

تو اب ہم اپنی کہانی میں اُس دور تک پہنچ گئے ہیں جہاں اخبار اپنی ترقی کی پہلی سیڑھیاں چڑھ چکا ہے۔ اخبار کی عمارت کی بنیاد پوری مضبوطی سے انگلستان، یورپ کے دوسرے ملکوں اور امریکہ اور وغیرہ میں ہو چکی ہے۔ اب انیسویں صدی کے درمیانی حصے میں لگ بھگ دس ہزار (10,000) اخبار فی گھنٹہ چھپ جاتے ہیں۔ بس اب جو کام باقی ہے وہ اس کی سجاوٹ، نوک پلک کی درستی، اور رنگ و روغن کا کام ہے۔ اس کے بعد جو ترقیاں اور تبدیلیاں اخباروں کو اچھے سے اچھا بنانے اور ان کی اشاعت بڑھانے کے لیے کی گئیں، ہم صرف اُنھی اخباروں کو ذرا تیزی سے بیان کرتے چلے جائیں گے۔

انیسوئں صدی کے شروع تک دوسرے ملکوں کی خبریں حاصل کرنے کا طریقہ کچھ

عجیب اور بڑا کچّا سا تھا۔ دوسرے ملکوں کے اخبار سب سے پہلے ڈاکخانے میں آتے تھے۔ ڈاکخانے میں ایک کلرک اس کام کے لیے رکھا جاتا تھا کہ وہ ان خبروں کو پڑھ کر خاص خاص خبروں کا خلاصہ تیار کرے۔ یہ خبریں صرف انہی اخباروں کو دی جاتی تھیں جو ایک مقررہ اور کافی بڑی رقم فیس کے طور پر ڈاکخانے کو ادا کرتے تھے۔ کبھی تو کسی خاص خبر کا نیلام تک ہوتا تھا اور یہ اُسی اخبار کو دی جاتی تھی جو اس کے لیے سب سے اونچی بولی لگاتا تھا۔

لندن کے ٹائمس اخبار نے سب سے پہلے اپنے رپورٹر دوسرے ملکوں میں رکھنا شروع کیے۔ اخبار میں کام کرنے والے گھوڑ سوار بندرگاہوں پر تیار کھڑے رہتے اور جیسے ہی کوئی جہاز کسی دوسرے ملک سے آتا، یہ اس سے خبریں حاصل کر کے اپنے دفتر کی طرف دوڑ پڑتے۔ بعد میں ہر بڑے اخبار نے اپنے رپورٹر دوسرے ملکوں میں رکھنا شروع کر دیے۔

اسی زمانے میں اخباروں نے بہت اچھے اچھے آرٹسٹ بھی رکھنا شروع کیے اور اخبار اب دیکھنے میں بھی خوبصورت نظر آنے لگے۔ ان میں موٹی موٹی سرخیاں چھپنے لگیں، کالم الگ الگ ہونے لگے، اور اخباروں کی شکل آج کے اخباروں سے کافی مِلتی جُلتی سی لگنے لگی۔ خبروں کا خاص خاص حصہ موٹے لفظوں میں چھاپا جاتا تھا تاکہ جس کے پاس وقت کم ہو وہ بھی کم سے کم خبر کا خاص حصہ ضرور پڑھ لے۔

دلچسپیاں۔ کارٹون۔ ترکیبیں

اس دور میں کچھ دلچسپ اخبار بھی نکلے اور اخباروں میں لوگوں کی دلچسپی بڑھانے اور ان کی اشاعت کی تعداد بڑھانے کے لیے بھی کچھ عجیب عجیب کام شروع کیے گئے۔ ان میں کارٹون تو ہمیشہ کے لیے اخبار کا ایک دلچسپ حصہ بن گئے۔

مذاقیہ کارٹون تو انگلستان میں اس سے پہلے بھی چھپتے تھے مگر عام طور پر ان کا مذاق اور معیار گھٹیا ہوتا تھا۔ ان میں لوگوں کی صورتوں کو کچھ بگاڑ کر مذاقیہ انداز میں دکھایا جاتا تھا۔ مگر ایک صحافی جن کا نام تھا ہنری مے ہیو (Henrymay Hew) انھوں نے سوچا کہ کیوں نہ اس قسم کا ایک اچھا اور باقاعدہ رسالہ نکال لیا جائے۔ چنانچہ 1841 میں لندن میں انھوں نے ایک اخبار نکالا جس کا نام تھا۔ دی پنچ (The Punch)۔ یہ مزاحیہ اخبار تھا۔ سنجیدہ سے سنجیدہ خبر میں بھی یہ اخبار کوئی نہ کوئی مذاق کا پہلو ضرور ڈھونڈ لیتا تھا۔ آرٹسٹ اس کی تصویریں کارٹونوں کے انداز میں بناتے اور لوگ اس اخبار کو بے حد دلچسپی کے ساتھ پڑھتے۔ ملک کے تمام اچھے لکھنے والے، مضمون نگار اور شاعر اس میں لکھتے رہتے۔ لگ بھگ ڈیڑھ سو سال عمر ہونے کے باوجود انگلستان کے اخباروں میں آج بھی اس اخبار کی وہی جگہ ہے جو اس نے شروع میں اپنے لیے بنائی تھی۔

آج بھی دنیا کے ہر بڑے اخبار میں روزانہ یا کبھی کبھی بہت دلچسپ اور مزاحیہ کارٹون ضرور نظر آتے ہیں۔ کبھی کبھی یہ سیاسی بھی ہوتے ہیں اور ان کے ذریعے حکومت کی کسی پالیسی یا کسی لیڈر پر بہت تیکھے انداز میں چوٹ بھی کی جاتی ہے۔ کارٹون بنانے والا آرٹسٹ، جسے اخباری دنیا میں کارٹونسٹ کہا جاتا ہے، اپنی تیز سمجھ بوجھ اور مزاحیہ طبیعت کی مدد سے اپنے کارٹون کے ذریعے کبھی کبھی اتنا بھرپور اور چبھتا ہوا وار کر جاتا ہے کہ یہ کام بڑے بڑے مضمونوں اور تقریروں سے بھی نہیں ہو پاتا اس کی کچھ مثالیں تم اگلی کچھ تصویروں میں بھی دیکھ سکتے ہو۔

دوسری طرف کچھ ایسے کارٹون بھی ہوتے ہیں جن کا سیاست سے کوئی تعلق نہیں ہوتا اور کسی معمولی سی بات کو ایسے دلچسپ مذاق کے ساتھ ٹیڑھی ترچھی تصویر کے ذریعے پیش کر دیا جاتا ہے کہ اسے دیکھتے ہی بے اختیار ہنسی آجاتی ہے۔ آج بھی جب لوگ

صبح سویرے اخبار کی موٹی موٹی سرخیاں پڑھ کر بہت تیزی سے دنیا بھر کے حالات جان لینا چاہتے ہیں، تو اسی میں وہ ایک آدھ منٹ کارٹون دیکھ کر اس پر ہنسنے کے لیے بھی نکال لیتے ہیں۔

خیر! ذکر تھا اخبار کی اشاعت بڑھانے کا۔ یوں تو اس سلسلے میں اخباروں کے مالک ہمیشہ عجیب عجیب حرکتیں کرتے رہے ہیں مگر ایک صاحب الفرڈ ہارمس ورتھ (Alfred Harms Worth) نے Answers (جوابات) نام کا ایک ہفتہ واری اخبار 1888 میں نکالا۔ اگلے ہی سال انھوں نے اس میں کچھ انعامی مقابلے شروع کر دیے۔ پہلے مقابلے میں جیتنے والے شخص کو اس کی باقی ساری زندگی، ایک پونڈ فی ہفتہ (آج ہمارے روپوں میں تقریباً اُنیس روپے) انعام دیا جاتا تھا۔ چنانچہ اس پہلے مقابلے میں ہی سات لاکھ جواب آئے اور اس سے اس اخبار کی اتنی بڑھی کہ تین چار سال میں ہی اس کی تین لاکھ کاپیاں ہفتے میں بک جاتی تھیں۔

اور یہ کامِکس (Commics) جنھیں تم شاید سب سے زیادہ شوق سے پڑھتے ہو، اور کبھی کبھی تو اسکول کی کتابوں میں چھپا کر پڑھنے پر تھوڑی بہت ڈانٹ پھٹکار بھی تمہارے حصے میں آجاتی ہے، انھیں بھی انہی ہارمس ورتھ صاحب نے شروع کیا تھا۔ انھوں نے ایک آٹھ صفحوں کا اخبار شروع کیا جس کا نام تھا کامک کٹس (Comic cuts) اس میں دلچسپ مذاق اور چھوٹی چھوٹی کہانیاں تصویروں کے ساتھ چھاپی جاتی تھیں۔ ان کامکس میں لوگوں کی دلچسپی کچھ اس حد تک بڑھی کہ ایک بار انگلستان کی پارلیمنٹ کے اجلاس میں وہاں کے ایک ممبر کو چھپ کر یہ کامکس پڑھتے دیکھا گیا۔

اِنہی ہارمسورتھ نے عورتوں اور بچوں کے لیے بھی رسالے نکالنے شروع کیے۔ بچوں کے لیے جو پہلا رسالہ انھوں نے لندن سے نکالنا شروع کیا اس کا نام تھا بوائز

فرینڈ (Boys Friend) ہارمس آور تھ صاحب نے اخباری دنیا میں کچھ ایسی ترقی کی کہ ایک وقت یہ خود بھی پارلیمنٹ کے ممبر بنے اور ان کے اخباروں کے ذریعے اتنی دولت جمع ہو گئی کہ انھوں نے انگلستان کا سب سے مشہور اخبار ٹائمس بھی خرید لیا۔ ان کے نکالے ہوئے کتنے ہی اخبار اور رسالے آج بھی انگلستان کے مشہور اخباروں میں گنے جاتے ہیں۔

دنیا پر اخباروں کا احسان ایک مثال

جیسا ہم نے پہلے بھی کہا تھا، اخباروں نے دنیا کو اتنا کچھ دیا ہے کہ اس کا صحیح صحیح اندازہ لگانا بھی مشکل ہے۔ سچ پوچھو تو آج ہم جس تہذیب میں رہتے ہیں اس کے بنانے میں بہت بڑا حصہ اخباروں کا ہے۔ یوں تو پچھلے دو تین سو سال کی تاریخ ایسے ان گنت واقعات سے بھری پڑی ہے مگر اس کی ایک مثال خاص طور پر سنائی جا سکتی ہے۔

ہوا یہ کہ 1854 میں یوروپ میں ایک جنگ چھڑی جس میں ایک طرف روس تھا اور دوسری طرف ترکی، انگلستان اور فرانس کے ملک تھے۔ اسے کریمیا جنگ کہا جاتا ہے۔ اس جنگ میں انگلستان اور فرانس کے سب مِلا کر اسّی ہزار (80,000) سے زیادہ سپاہی مارے گئے تھے۔ جو لوگ جنگ میں مرے سو مرے پندرہ سولہ ہزار سپاہی وبائی مرضوں میں بھی کام آئے۔ اصل میں بات یہ تھی کہ انگریزی فوجوں کے ساتھ جو فوجی اسپتال بھیجے گئے تھے ان کی حالت بہت خراب تھی۔ اس زمانے میں نرس کے پیشے میں عام طور پر مرد ہی جاتے تھے جو زخمیوں اور مریضوں کے ساتھ بہت اچھا سلوک نہیں کرتے تھے۔ اندازہ یہ تھا کہ جتنے سپاہی فوجی اسپتال میں داخلے کیے جاتے تھے، اُن میں سو میں سے بیالیس مریض مر جاتے تھے۔

لندن کے ٹائمس نے اس کی ایسی سچی اور پُر اثر رپورٹیں شائع کیں کہ انگلستان کے

لوگوں کے دل ہل گئے۔اس کے رپورٹر نے جو کریمیا کے میدانِ جنگ سے رپورٹیں بھیجنے کے لیے وہاں بھیجا گیا تھا، ایک بار لکھا:

"ہمارے زخمی سپاہی کوئی تین میل دور سمندر کی طرف ہچکولے لیتی گاڑیوں میں بھیجے جاتے ہیں۔۔۔۔۔۔"

اسی رپورٹر نے ایک بار پھر لکھا:

"کیا ہم میں اب کوئی ایسی لگن رکھنے والی عورت باقی نہیں ہے جو اسکوٹاری کے اسپتال میں بیمار اور تڑپتے ہوئے مریضوں کی خدمت کے قابل بھی ہو اور اس کام کے لیے تیار بھی ہو۔

اور انگلستان میں تھی ایک ایسی نیک اور رحم دل عورت جس کے لیے ٹائمس نے اپیل کی تھی۔ان کا نام تم نے اپنی کتابوں میں ضرور پڑھا ہوگا۔ٹائمس میں چھپی اپیلوں سے فلورنس کا دل ہل گیا۔ جلدی ہی فلورنس اڑتیس نرسوں کی ایک ٹولی لے کر جنگ کے میدان میں چلی گئیں۔اور کچھ ایسی لگن اور محنت سے کام کیا کہ چھ مہینے کے اندر فوجی اسپتال میں داخل ہونے والے مریضوں میں سو میں سے صرف دو کی موت ہونے لگی۔اس کے بعد وہ ساری زندگی نرس ہی رہیں اور نرسوں کا پیشہ ہی لگ بھگ ساری دنیا میں صرف عورتوں کے لیے وقف ہو گیا۔ بہر حال اتنے بڑے کام کو شروع کرنے یا کم سے کم لوگوں کے دلوں میں ایک ہلچل پیدا کرنے کا سہرا ایک اخبار ٹائمس کے سر ہی رہا۔

اخبار کے دو پیر۔۔ خبریں اور اشتہار

اب اخبار کے متعلق اتنا کچھ جاننے کے بعد اگر ہم سے کوئی یہ سوال کرے کہ اخبار آج کس چیز پر قائم ہے ؟ تو ہم کہیں گے۔ اس کے دو پیر ہیں ۔۔ ایک خبر اور دوسرا اشتہار۔

اخبار کا بنیادی مقصد ہے نئی تازہ اور زیادہ سے زیادہ خبریں لوگوں تک پہنچانا۔ اور شروع شروع میں سب سے زیادہ دقّت اور پریشانی بھی اسی میدان، یعنی خبریں حاصل کرنے میں پیش آئی تھی۔ نہ ٹیلی گراف تھا، نہ ٹیلی فون نہ وائرلیس۔ حد ہے کہ شورٹ ہینڈ، جس کے ذریعے اب پوری پوری تقریر لفظ بہ لفظ لکھی جاسکتی ہے۔ یہ بھی موجود نہیں تھا۔ مگر خبریں اس وقت بھی جمع کی جاتی تھیں اور اخبار بھی چھپتے تھے۔

آہستہ آہستہ کچھ دھُن کے پکّے لوگوں نے اس مشکل کو بھی حل کیا اور آج تو اس سلسلے میں اتنی ترقی ہوچکی ہے کہ امریکہ کی خبر ہندوستان پہنچنے میں یا ہندوستان کی خبر دنیا کے کسی حصے میں پہنچنے میں چند سکنڈ سے زیادہ نہیں لگتے۔

ویسے تو یہ خود ہی ایک الگ کہانی ہے جس میں ٹیلیگراف، ٹیلی فون، ٹیلی پرنٹر، سیٹیلائٹ اور کتنی ہی دوسری سائنسی ایجادوں کا ذکر کرنا ضروری ہے، مگر اس وقت تو ہم موٹے موٹے طور پر نیوز ایجنسی (News Agency) یعنی خبریں جمع کر کے اخباروں کو بھیجنے والے ادارے کے بارے میں تھوڑا سا بتائیں گے۔

دنیوزایجنسی کو آپ ایک ایسا کاروبار کہہ سکتے ہیں جس کا کام ہے دنیا کے مختلف حصوں سے تیزی سے خبریں جمع کر کے انھیں اتنی ہی تیزی کے ساتھ ان اخباروں کو پہنچا جو اس کی فیس ادا کرتے ہیں۔

یہ انوکھا خیال سب سے پہلے جس شخص کے ذہن میں آیا وہ جرمنی کے پال جولیس رائٹر (Paul Julius Reuter) تھے۔ یہ 1816 میں پیدا ہوئے تھے۔ شروع میں تو ان کا اخباروں سے کوئی تعلق بھی نہیں تھا اور یہ کسی بینک میں ملازم تھے۔ مگر انھیں خبریں جمع کرنے کا کچھ ایسا شوق پیدا ہوا کہ انھوں نے اپنی بیوی کی مدد سے کبوتروں کے ذریعے ڈاک سے خبریں بھیجنے کا ایک سلسلہ شروع کیا۔ پھر جب کچھ سال بعد ٹیلیگراف کی

لائنیں یوروپ میں پھیل گئیں تو انھوں نے لندن میں باقاعدہ ایک کمپنی قائم کی جس کا کام ہی خبریں جمع کرنا اور بیچنا تھا۔ اس کمپنی کا نام اِنہی کے نام پر رائٹر (Reuter) رکھا گیا۔ آہستہ آہستہ اخباروں نے ان کی کمپنی کی دی ہوئی خبروں کو قبول کرنا شروع کر دیا اور کچھ اور کمپنیاں بھی اس کاروبار میں آ گئیں۔

اب اگر تم اخبار اٹھا کر دیکھو تو ہر خبر میں شروع میں تمھیں چار باتیں خاص نظر آئیں گی۔ سب سے پہلے وہ کس جگہ کی خبر ہے۔ لندن، دہلی، واشنگٹن، ہونولولو، ٹوکیو وغیرہ وغیرہ کی۔ اس کے فوراً بعد تاریخ ہو گی جو کم سے کم ایک دن پہلے کی ہو گی۔ اور تیسری چیز نیوز ایجنسی کا نام ہو گا جس نے یہ خبر دی ہے۔ بعض اخباروں میں تو خبر کا پہلا جملہ ہی اس سے شروع ہوتا ہے۔ ان خبروں کے علاوہ کچھ خبریں اخبار کے اپنے رپورٹروں کی ہوتی ہیں۔ کچھ خبریں ایسی بھی ہوتی ہیں جو ایک طرح کا اعلان کہی جا سکتی ہیں، جیسے حکومت کے کسی شعبے کی طرف سے دی ہوئی خبر، سیاسی پارٹی کے دفتر سے ملنے والی یا ایسے ہی کسی ادارے سے بھیجی ہوئی اطلاع۔

اشتہار

اور اخبار کا دوسرا پیر، جس کے سہارے یہ سکون سے کھڑا رہتا ہے، اشتہار ہیں۔ صرف یہی بات نہیں ہے کہ اشتہار اس لیے اخباروں میں نظر آتے ہیں کہ یہ شروع سے ہی ان میں چھپتے چلے آ رہے ہیں، یا اخبار شروع ہی اشتہاری پرچوں سے ہوئے تھے۔ سچی بات تو یہ ہے کہ اشتہار اخبار کی شہ رگ ہیں۔ اگر یہ شہ رگ سوکھ جائے تو اخبار ایک دن بھی اپنے پیروں پر کھڑا نہیں رہ سکتا۔ کئی سو سال کے تجربے سے یہ بات اب پوری طرح ثابت ہو گئی ہے کہ دنیا میں کوئی اخبار صرف اپنی بکری کی آمدنی پر زندہ نہیں رہ سکتا۔ تازہ خبریں جمع کرنے، چھپائی، فوٹو، کاغذ، اخبار کی تقسیم وغیرہ میں اتنی لاگت آتی ہے کہ چاہے

اس کی کتنی بھی کاپیاں چھپیں ان کی آمدنی خرچ کو پورا نہیں کرتی۔ یہ صرف اشتہاروں کی آمدنی ہی ہے جو اخباروں کا خرچ پورا کرتی ہے اور ان کے مالکوں کو منافع بھی پہنچاتی ہے۔ برطانیہ میں اب سے کوئی پچیس تیس سال پہلے اندازہ لگایا گیا تھا کہ اخباروں کی لگ بھگ آدھی آمدنی صرف اشتہاروں سے ہوتی تھی۔

خود ہمارے ہی ملک میں آج کل اخباروں میں اشتہار چھپوانے کے لیے جتنا روپیہ ادا کرنا ہوتا ہے، اُسے سُن کر تمھیں ضرور حیرت ہو گی۔ ایک اچھے انگریزی اخبار میں صرف پچیس (25) مربع سنٹی میٹر جگہ میں اشتہار چھپوانے کے لیے (جس میں ایک کالم کی صرف اٹھارہ (18) لائینیں آتی ہیں) کم سے کم تین سو 300 روپے سے زیادہ ایک ہزار پانچ سو روپے ادا کرنے ہوتے ہیں۔

اور اب تو نیوز ایجنسیوں کی طرح کچھ ایسی کمپنیاں بھی بن گئی ہیں جن کا کام ہی صرف اشتہار تیار کرنا اور انھیں مختلف اخباروں میں چھپوانا ہے۔ کسی کارخانے دار بیوپاری یا کسی ادارے کو اگر اپنی کسی پیداوار، سامان، مشین وغیرہ کی شہرت کے لیے اخباروں میں اشتہار دینا ہو تو وہ ایسی کسی کمپنی کے پاس چلا جاتا ہے۔ وہ اس سے اشتہاروں کی قیمت لے لیتی ہے اور پھر انھیں ملک کے مختلف اخباروں میں چھپوا دیتی ہے۔ اخبار یہ اشتہار چھاپنے کی قیمت کمپنی سے لے لیتے ہیں۔

انیسویں صدی کے آخری حصے تک صرف انگلستان میں ہی نہیں پورے یوروپ بلکہ دنیا کے بہت سے ملکوں میں اخبار لگ بھگ اُس حالت میں پہنچ چکے تھے جس پر آج ہیں۔ اس کے بعد صرف وقت کے ساتھ ساتھ نئی مشینوں، چھپائی، تصویروں کی تیاری وغیرہ میں ترقی ہوتی رہی اور ظاہر ہے کہ یہ ترقی وقت کے ساتھ ساتھ آئندہ بھی ہوتی رہے گی۔

1979 میں اقوام متحدہ کے ایک ادارے نے اندازہ لگایا تھا کہ پوری دنیا میں تقریباً نو ہزار سات سو بیس (9720) جانے پہچانے اخبار نکلتے تھے۔ اگر تم دنیا کے تمام ملکوں میں نکلنے والے اخباروں کے بارے میں اور زیادہ جاننا چاہتے ہو تو کتاب کے آخر میں ضمیمہ ۹۔ا میں تفصیل دیکھ سکتے ہو۔

اس بات کا اندازہ کہ دنیا میں کس ملک میں اخباروں کا پھیلاؤ کتنا ہے اس سے ہو سکتا ہے کہ وہاں کے ایک ہزار لوگوں کے لیے کتنی کاپیاں چھپتی یا بکتی ہیں۔ اس کی تفصیل بھی تم ضمیمہ ا میں دیکھ سکتے ہو۔ اس میں تمہیں کچھ ایسے ملکوں کے نام بھی نظر آئیں گے جن میں۔ 1979 تک کوئی روزانہ اخبار نکلنا شروع ہی نہیں ہوا تھا۔ ان میں خود ہمارے برِّاعظم ایشیا میں ہی بحرین، بھوٹان، عمان، اردن وغیرہ ملکوں کے نام آتے ہیں۔

بہر حال اخبار دنیا میں تیزی سے پھیل رہے ہیں اور دنیا میں جیسے جیسے تعلیم بڑھے گی، اخباروں کا پھیلاؤ بھی بڑھتا رہے گا۔

(۴) چوتھا باب: ہندوستان اور اخبار

ایسٹ انڈیا کمپنی

سولہویں صدی آدھی گزر چکی تھی اور ہندوستان کی سونے کی چڑیا تاریخ کے آسمان پر کچھ ایسی اونچائیوں کو چھُو رہی تھی جہاں یوروپ کے لوگوں کی نگاہیں بھی مشکل سے پہنچ سکتی تھیں۔ اکبر اعظم کے دربار، ملک کی دولت، صنعت اور پیداوار کی دھوم مشرق میں چین سے لے کر مغرب میں انگلستان اور دوسرے ملکوں تک پہنچ رہی تھی۔ وہاں کے تاجر اس سونے کی چڑیا کو للچائی نظروں سے دیکھ دیکھ لیتے۔ ہندوستان کے مغربی ساحل پر ایک بہت چھوٹے سے حصے، گوا پر پُرتگالی آباد ہو چکے تھے اور ہندوستان میں تجارت کر کے فائدہ اٹھا رہے تھے۔

31 دسمبر 1600، سال اور صدی کا آخری دن، وہ دن تھا جب انگلستان کی ملکہ الزبتھ اوّل نے ایسٹ انڈیا کمپنی کو ہندوستان اور دوسرے ملکوں سے تجارت کرنے کی باقاعدہ اجازت دے دی۔ اس طرح ہندوستان میں اکبر اعظم کی لمبی حکومت کے آخری سال چل رہے تھے، جب انگریز تاجروں نے ہندستان کی زمین پر قدم رکھا۔

ممکن ہے تم سوچ رہے ہو کہ ہم نے ایک بالکل ہی نئ کہانی کیوں شروع کر دی۔ بات یہ ہے کہ ایسٹ انڈیا کمپنی کے ہندوستان میں پیر جمانے کے بعد سے اس ملک کی تاریخ میں کچھ ایسی تبدیلی آنی شروع ہوئی کہ اس کے نتیجے میں ہم کئی سو سال غلام بھی رہے۔ بہت کچھ کھویا بھی اور بہت کچھ پایا بھی۔ اور سچ تو یہ ہے کہ ہندوستان میں اخباروں

کی شروعات ایک طرح سے ایسٹ انڈیا کمپنی کی وجہ سے ہی ہوئی۔ اس لیے جب تک ہم ان حالات کو تھوڑا بہت نہ سمجھ لیں، ہماری سمجھ میں یہ بات کیسے آسکتی ہے کہ اخبار دربار معلی، یا اخبار دارالخلافہ شاہ جہاں آباد کے بعد، جو صرف سرکاری، یا درباری اطلاع نامے تھے، ہمارے ملک میں یہ عوامی اخبار کیسے شروع ہو گئے۔

ایسٹ انڈیا کمپنی، نے گجرات کے سورت شہر میں اپنے گودام اور دفتر قایم کیے۔ تجارت پھولتی پھلتی رہی۔ کمپنی منافع کماتی رہی اور آہستہ آہستہ اس کا اثر بھی بڑھتا رہا۔ اورنگ زیب کی حکومت کا آخری زمانہ تھا کہ کمپنی نے بڑی ترکیبوں سے بنگال کے نواب سے اجازت حاصل کر کے کلکتے میں ایک قلعہ بنانے کی اجازت حاصل کرلی۔ اس کا نام تھا فورٹ ولیم۔ اس کے ساتھ ہی انگریزوں کے پیر کلکتے میں کافی مضبوطی سے جم گئے۔

پھر کچھ اور بعد میں ایک انگریز ڈاکٹر نے مغل بادشاہ فرخ سیر کے لڑکے کا علاج کیا جس کے انعام میں انگلستان سے ہندوستان آنے والے مال پر چنگی معاف کر دی گئی۔ اب انگلستان جانے والے منافع کی کوئی حد ہی نہیں تھی۔ ہندوستان کی دولت سونے اور سامان کے روپ میں کھنچ کھنچ کر انگلستان پہنچنے لگی۔ اس کے بعد کمپنی کے قدم آہستہ آہستہ مدراس اور بمبئی کی طرف بڑھنے لگے۔

ویسے تو ہندوستان میں ایسٹ انڈیا کمپنی کا راج خود بھی ایک بہت دلچسپ تاریخی کہانی ہے، مگر اس وقت ہم اس کے صرف اُن ہی حصوں کو دیکھیں گے جو ہمارے ملک کے اخباروں سے تعلق رکھتے ہیں۔

کمپنی کی ایک تجارت تو وہ تھی جو یہ مغلیہ حکومت سے اجازت لے کر قانونی طریقے سے کرتی تھی۔ یہ دوسری بات ہے کہ خود کمپنی بھی تجارت کے بہانے ہندوستان سے اتنا

منافع کمارہی تھی کہ اسے منافع نہیں لُوٹ کھسوٹ کا نام دینا غلط نہ ہو گا۔ بنگال کے مشہور گورنر لارڈ کلائیو نے 1772 میں اپنے ایک بیان میں کمپنی کے سال بھر کے منافع کا کچھ اندازہ دیا تھا۔ انھوں نے لکھا تھا: ''کمپنی نے ایک سلطنت حاصل کرلی ہے جو فرانس اور روس کے علاوہ یوروپ کے ہر ملک سے بڑی ہے۔ اس کو چالیس لاکھ (40,00000) پونڈ ٹیکسوں سے اوراسی قدر تجارت سے ملتے ہیں''۔ یہ رقم اخراجات کو نکالنے کے بعد خالص منافع کی تھی۔ اور اگر آج کی قیمت میں اندازہ لگاؤ تو یہ کروڑوں روپے سال آئے گی۔ مگر اس کے علاوہ کچھ غیر قانونی تجارت بھی چلتی تھی۔ کمپنی کے انگریز ملازم چھُپے چوری خود بھی ہندوستان میں اپنا کاروبار شروع کر دیتے تھے۔ اور مزے کی بات یہ تھی کہ یہ بات کچھ ایسی چھپے چوری بھی نہیں ہوتی تھی۔ کبھی کبھی تو غیر قانونی تجارت کمپنی کے کافی بڑے افسر بھی کرتے تھے۔ مگر جس ملازم کی اپنے افسروں سے نہ بنتی تو اسے سزا بھی ملتی اور وہ نوکری سے بھی نکال دیا جاتا۔

کچھ ایسے ملازم جنھیں اس سلسلے میں سزا ہو جاتی اور وہ ملازمت سے نکال دیے جاتے، یا کسی اور وجہ سے کمپنی کے اونچے افسران سے ناراض ہو جاتے، وہ اپنے افسروں سے بدلہ لینے کی ترکیبیں سوچتے رہتے۔

تم پہلے بھی پڑھ چکے ہو کہ اس وقت انگلستان میں اخبار نکل رہے تھے اور ان میں حکومت کے کاموں اور افسروں کی غلطیوں پر اعتراض بھی ہوتے رہتے تھے۔ چنانچہ کمپنی کے یہ ناراض ملازم بھی چاہتے تھے کہ ایسا ہی کوئی ہتھیار یعنی اخبار۔ ان کے ہاتھ بھی آ جائے، جس سے یہ اپنے افسروں کی زیادتیوں اور حرکتوں کا بھانڈا پھوڑ سکیں۔ دوسری طرف افسر چاہتے تھے کہ ایسا کوئی اخبار نہ نکل پائے جس سے کمپنی کے حالات کا انگلستان کے لوگوں کو اور وہاں کی حکومت کو پتہ چلے۔ بس مختصر طور پر یوں کہا جا سکتا ہے کہ

ہندوستان کے شروع کے اخباروں کی کہانی اسی کھینچ تان کی ایک داستان ہے۔

اور ملکوں کی طرح ہندوستان میں بھی اخباروں کی تاریخ کا شروع کا حصہ کچھ بہت صاف نہیں ہے۔سب سے پہلے کمپنی سے نکالے ہوئے ایک ملازم ولیم بولٹس (William Bolts)نے ایک اخبار نکالنے کا اشتہار کلکتہ کے کاؤنسل ہاؤس کے دروازے پر چپکا یا تھا۔ مگر یہ اخبار نکل نہ سکا تھا۔ چونکہ کمپنی نے انھیں جلدی ہی ہندوستان سے واپس بھیج دیا تھا۔

پہلے اخبار

ولیم بولٹس کا اخبار کا خواب تو اشتہار سے آگے نہ بڑھا مگر کوئی چار سال بعد ہی یہ کوشش کامیاب ہو گئی۔ایک ایسے ہی منچلے انگریز جیمس آگسٹس ہِکّی (James Augustus Hicky)) تھے۔ کمپنی کے افسروں سے ان کی بھی نہ بن سکی اور انھوں نے ایک اخبار نکال ہی لیا۔اس کا بڑا لمبا سانام تھا ہکی کا بنگال گزٹ (Bemga; Gazette)یا کلکتہ سنٹرل ایڈورٹائزر (Culcutta Central Advertiser)اس کا پہلا پرچہ 29 جنوری 1780 کو کچھ لوگوں کے ہاتھوں میں پہنچ گیا۔ چار صفحوں کا۔ یعنی ایک ورق بیچ سے موڑا ہوا X128انچ کا چھوٹا سا پرچہ یہ ہندوستان کا سب سے پہلا اخبار تھا۔ اس میں اشتہار بہت ہوتے تھے، یوروپ سے آئی ہوئی کچھ خبروں کا خلاصہ ہوتا، یا پھر کمپنی کے افسروں کی حرکتوں پر اعتراض ہوتے۔ ظاہر ہے کہ کاغذ گھٹیا اور چھپائی بھی معمولی سی تھی۔ بہر حال ہکی صاحب کا کمپنی سے خوب جھگڑا رہا اور انجام یہ ہوا کہ 1782 میں یعنی لگ بھگ دو سال بعد ہندوستان کا یہ پہلا اخبار بند ہو گیا۔

ہکی کا بنگال گزٹ ابھی بند بھی نہیں ہوا تھا کہ نومبر 1780 میں ایک اور اخبار انڈیا گزٹ(India Gazette) کلکتے ہی سے نکالا گیا۔ یہ ایک طرح سے ہکی صاحب کے اخبار

کے جواب میں نکالا گیا تھا اور اسے کمپنی کی حمایت بھی حاصل تھی۔ اپنی عمر کے تیسرے سال ہی یہ ہفتہ واری سے تین روزہ ہو گیا اور پھر جلدی ہی روزانہ نکلنے لگا۔ اس طرح اٹھارویں صدی ختم ہونے سے پہلے ہی ہندوستان میں بھی ایک روزانہ اخبار نکلنے لگا تھا۔

بالکل شروع کے اخباروں میں ایک اور اخبار کا ذکر اس لیے کرنا ضروری ہے کہ اس میں انگریزی کے ساتھ ساتھ بنگالی اور فارسی میں بھی کبھی کبھی کچھ چھپ جاتا تھا۔ اس ہفتہ واری اخبار کا نام تھا۔ کلکتہ گزٹ (Calcutta Gazette)۔ یہ مارچ 1784 میں نکلنا شروع ہوا تھا۔ اسے شروع سے ہی کسی حد تک سرکاری اخبار مانا جاتا تھا۔ اور بعد میں تو یہ باقاعدہ سرکاری گزٹ ہی ہو گیا تھا۔ یہ لگ بھگ پچاس سال تک نکلتا رہا تھا۔ اس اخبار میں انگریزی کے علاوہ کئی اور زبانوں میں بھی اشتہار ہوتے تھے۔ ایک کالم فارسی میں بھی تھا۔ سرکاری اعلانوں کے علاوہ اس میں کبھی کبھی ملک کی بہت خاص خاص خبریں بھی چھپ جاتی تھیں۔ چنانچہ 17 مئی 1799 کو ٹیپو سلطان کے مارے جانے کی خبر اسی اخبار نے چھاپی تھی اور یہ بھی اطلاع دی تھی کہ ان کی موت کی خوشی میں گورنر جنرل نے فورٹ ولیم سے توپیں داغنے کا حکم دیا تھا۔ خیر، اس لحاظ سے ضرور اس اخبار کو اہم کہا جا سکتا ہے کہ اس میں خود ہندوستان کی کچھ زبانوں میں بھی کبھی کبھی کچھ چھپ جاتا تھا۔

انگلستان سے نکلنے والے شروع کے اخباروں اور ہندوستان کے پہلے اخباروں میں ایک عجیب دل چسپ فرق نظر آتا ہے۔ انگلستان میں تو اخبار عوام کو خبریں پہنچانے یا ان کی معلومات بڑھانے کے لیے نکالے گئے تھے، لیکن شروع کے ہندوستانی اخبار عام لوگوں کے لیے نکالے ہی نہیں گئے تھے۔ صرف کمپنی کے ملازموں یا اس کی حکومت کے لوگوں کے لیے نکالے گئے تھے۔ عام طور پر کوشش یہی کی جاتی تھی کہ یہ ہندوستانیوں کے پاس پہنچ ہی نہ پائیں۔

اب بنگال کے علاوہ ایسٹ انڈیا کمپنی کے دو مرکز اور بھی تھے۔ مدراس اور بمبئی۔ چنانچہ یہاں بھی اٹھارویں صدی کے آخری برسوں میں انگریزی اخبار نظر آنے لگے تھے۔ مدراس میں سب سے پہلا اخبار مدراس کوریر(Madras Courier)اکتوبر 1790 میں اور بمبئی میں بمبئی ہیرالڈ(Bombay Herald) 1789میں نکلا۔ بمبئی کے ہی ایک اور اخبار بمبئی کوریر(Bombay Courier) میں جو 1790 میں نکلنا شروع ہوا تھا، انگریزی کے علاوہ گجراتی، مراٹھی، کنڑ اردو زبانوں میں بھی کبھی کبھی اشتہار چھپ جاتے تھے۔

اٹھارویں صدی میں ہندوستان میں جتنے بھی اخبار نکلے وہ زیادہ تر ہفتہ واری تھے۔ عام طور پر ان میں یوروپ کے ملکوں کی، بلکہ انگلستان کی ہی خبریں چھپتی تھیں۔ چونکہ خبریں حاصل کرنے کا کوئی اور طریقہ نہیں تھا اس لیے انگلستان سے آنے والی خبروں کو لگ بھگ جوں کا توں نقل کر دیا جاتا تھا۔ پھر ان کی اشاعت کی تعداد بھی دو ڈھائی سو سے زیادہ نہ ہوتی تھی۔

ہندوستانی چھاپہ خانے

ہندوستان میں اخباروں کے پھیلاؤ کی کہانی کو آگے بڑھانے سے پہلے ذرا سارک کر یہ بھی دیکھ لیں کہ ہندوستان میں چھاپہ خانہ کب آیا اور ہندوستانی زبانوں میں چھپائی کی شروعات کب سے ہوئی؟

تم نے اپنی کتابوں میں پڑھا ہو گا کہ گوا کے چھوٹے سے علاقے پر پُرتگالیوں کی ایک چھوٹی سی حکومت پندرہویں صدی کے آخری حصے میں ہی قائم ہو گئی تھی۔ اس علاقے میں عیسائی مذہب کا پرچار کرنے والے لوگ اپنے ساتھ 1550 میں ایک چھاپہ خانہ بھی لے آئے تھے اور انھوں نے جنوبی ہندوستان کی زبانوں میں مذہبی کتابیں چھاپنی

شروع کردی تھیں۔

جہاں تک ہندوستان میں انگریزی چھپائی کا سوال ہے، یہ مسئلہ انگریزوں کے لیے مشکل نہیں تھا۔ انگلستان میں ان گنت ٹائپ پریس موجود تھے جو یہاں آسکتے تھے۔ چنانچہ انگریزی اخبار ایسے ہی پریسوں میں چھپنے شروع ہوئے تھے۔ لیکن انگریزوں کے علاوہ کچھ ہندوستانی خود بھی اپنے ملک کی زبانوں میں پریس قائم کرنے کی کوشش کر رہے تھے۔ اور یہ جان کر کچھ حیرت بھی ہوتی ہے کہ ہندوستان میں گوا کے اس چھاپہ خانے کو چھوڑ کر، جس کا ذکر تم نے ابھی سنا تھا، پہلا چھاپہ خانہ انگریزی زبان کا نہیں بلکہ ایک ہندوستانی زبان گجراتی کا ہی تھا۔ 1674 میں ایک ہندوستانی پارسی بھیم جی پارکھ نے ایک گجراتی چھاپہ خانہ قائم کر لیا تھا۔ انھوں نے انگلستان سے ٹائپ بنانے والے دو کاریگر بلوا کر گجراتی ٹائپ بنوایا اور پھر ایک پریس بنوالیا۔ 1676 میں خود ایسٹ انڈیا کمپنی نے اس پریس کی چھپائی کو صاف ستھرا اور اچھا مان لیا تھا۔

پھر لگ بھگ سو سال بعد ایک اور پارسی، رستم جی کیشا پاتھی نے ایک چھاپہ خانہ بمبئی میں قائم کیا۔ اس میں گجراتی کے علاوہ مراٹھی، کنڑ، اردو، انگریزی اور پرتگیزی زبانوں کے ٹائپ بھی موجود تھے۔

بنگال میں ایک جگہ ہے۔ سہرام پور۔ یہاں عیسائیت کا پرچار کرنے کے لیے ایک مشنری 1800 میں قائم ہوئی تھی۔ انھوں نے بنگال میں مذہبی پرچار کے علاوہ علمی اور صحافتی۔ یعنی اخبار وغیرہ کے سلسلے میں بھی کافی کام کیے۔ اس مشنری کے ایک پادری نے بہت سی ہندوستانی زبانوں کے خود ہی ٹائپ تیار کیے اور انیسویں صدی کے پہلے پچیس برسوں میں بارہ ہندوستانی زبانوں میں انجیل مقدس کے ترجموں کی دو لاکھ سے زیادہ کاپیاں چھاپ کر تقسیم کیں۔ انہی لوگوں نے مغربی اصولوں پر کاغذ بنانے کا ایک کارخانہ

بھی قائم کیا جو اخباری چھپائی کے لیے بہت اچھا تھا۔

پھر اس کے بعد جیسے جیسے ضرورت پڑتی گئی، خود انگریزی چھاپہ خانوں نے ہندوستانی زبانوں کے ٹائپ بھی تیار کروائے۔ مگر اُردو کا ٹائپ اردو پڑھنے والوں کو کچھ بہت زیادہ پسند نہ آیا۔ اس کی کتابیں اور اخبار ٹائپ کی بجائے ایک دوسرے طریقے یعنی لیتھو پریس پر چھپنے شروع ہوئے۔ ایسے پریس انیسویں صدی کے درمیانی حصے میں شمالی ہندوستان میں قائم ہونے شروع ہوئے۔

خیر۔! ہم اپنی کہانی کو پھر آگے بڑھائیں۔ اب تک ہم اٹھارویں صدی کے آخری حصے میں پہنچ چکے ہیں اور سن چکے ہیں کہ کچھ انگریزی اخبار، جو عام طور پر ہفتہ واری ہوتے تھے، نکلنے لگے تھے۔ پھر بھی ہندوستانیوں کے لیے تو انیسویں صدی ہی اخباروں کی صدی کہی جاسکتی ہے۔

ایک بہت پڑھے لکھے اور سلجھے ہوئے دماغ کے انگریز تھے جیمس سلک بکنگھم (James Silk Buckingham)۔ یہ انگلستان کے اخباروں کی طرح ہندوستان میں بھی اخباروں کی آزادی کے قائل تھے۔ انھوں نے اکتوبر 1818 میں ایک تین روزہ اخبار کلکتہ جرنل (Calcutta Journal) نام سے شروع کیا، جس میں یہ پولیس کی زیادتیوں اور حکومت کی پالیسیوں پر بھی نکتہ چینی کرتے تھے۔ تین چار سال میں ہی یہ کلکتے کا سب سے مشہور اخبار مانا جانے لگا اور اس کی اشاعت ایک ہزار (1000) تک پہنچ گئی۔ پڑھے لکھے ہندوستانیوں میں بھی اسے جلدی ہی مقبولیت حاصل ہوگئی۔ اس اخبار کے پاس اپنی عمارت اور پریس کے علاوہ کئی اور زبانوں کے ٹائپ بھی موجود تھے۔

اب خود ہی ایسٹ انڈیا کمپنی، کی پالیسی میں بھی تھوڑا بہت فرق آیا اور وارن ہسٹنگز جو ہندوستان کے نئے گورنر جنرل ہوئے۔ انھوں نے اخباروں پر لگے ہوئے سینسر کو کچھ

ڈھیلا کر دیا۔ اس کے اثر سے انگریزی اور ہندوستانی زبانوں کے اخبار کافی تعداد میں نکلنے شروع ہو گئے۔ مگر اس بات سے کہ گورنر جنرل نے اخباروں کو کچھ ڈھیل دے دی تھی، تم یہ نہ سمجھ لینا کہ ہندوستانی زبانوں کے اخبار اس وقت سے اتنے ہی آزاد ہو گئے جتنے انگلستان میں انگریزی اخبار تھے۔

اخباروں کی آزادی کے سلسلے میں کچھ عرصے بعد گورنر جنرل تھامس منرو (Thomas Munro) کا ایک بیان اس بات کو بالکل صاف کر دیتا ہے کہ ہندوستان میں اخباروں کی آزادی کے بارے میں انگریز کس طرح سوچتے تھے۔ انھوں نے کہا تھا:

"ہم نے اپنی سلطنت کی بنیاد جن اصولوں پر مضبوط کی تھی ان کی رو سے رعایا کو اخباروں کی آزادی نہ تو کبھی دی گئی ہے اور نہ کبھی دی جائے گی۔۔۔ اگر ساری رعایا ہماری ہم وطن ہوتی تو میں اخباروں کی انتہائی آزادی کو ہی پسند کرتا۔ لیکن چونکہ وہ ہماری ہم وطن نہیں ہے اس لیے اس سے زیادہ خطرناک کوئی اور چیز نہیں ہو سکتی۔۔ اخباروں کی آزادی اور اجنبیوں کی حکومت ایسی چیزیں ہیں جو نہ تو ایک جگہ جمع ہو سکتی ہیں اور نہ مل کر ایک ساتھ چل سکتی ہیں"۔

خیر -! ہندوستان میں اخباروں کی آزادی کی جنگ تو پورے ملک کی جنگ آزادی کا ہی ایک حصہ ہے، جسے ہم کچھ آگے چل کر دیکھیں گے۔ اس وقت تو ہم ہندوستانی اخباروں کا ذکر کر رہے تھے۔

ہندوستان میں کسی ہندوستانی زبان کے سب سے پہلے اخبار کا نام 1816 میں نظر آتا ہے۔ یہ بنگال کا ایک اخبار بنگال گزٹ تھا جسے ایک صاحب گنگا دھر بھٹّاچاریہ نے کلکتے سے نکالنا شروع کیا تھا۔ مگر افسوس یہ ہے کہ اس کی عمر کچھ دن سے زیادہ نہ ہو سکی۔ ابھی کچھ دیر پہلے تم نے بنگال میں سہسرام پور کی عیسائی مشنری کا ذکر سنا تھا۔ اس مشنری نے

1818 میں بنگالی میں ڈگ درشن نام کا ایک ماہانہ رسالہ نکالا۔ یہ صرف بنگالی زبان کا ہی یہ پہلا رسالہ نہیں تھا، بلکہ ملک بھر میں کسی ہندوستانی زبان کا پہلا رسالہ تھا۔ اس میں ایک صفحے پر بنگالی اور دوسرے پر انگریزی میں چھپائی ہوتی تھی۔

اسی مشنری نے 23 مئی 1818 سے ایک بنگالی ہفتہ وار اخبار سماچار درپن نکالنا شروع کیا۔ اگر گنگا دھر بھٹاچاریہ کا بنگال گزٹ کچھ دن کے لیے نہ نکل چکا ہوتا تو سماچار درپن کو ہی کسی ہندوستانی زبان کا پہلا اخبار ہونے کا فخر حاصل ہوتا۔ بہر حال سماچار درپن نے لگ بھگ بیس اکیس سال کی عمر پائی اور پھر یہ بند ہو گیا۔

تو یہ ہے ہمارے اخباروں کی تاریخ کا بالکل شروع کا حصہ جو 1780 سے شروع ہوا۔ اس میں زیادہ تر انگریزوں نے ہی اخبار نکالنے کی کوشش کی۔ اس زمانے میں ہندوستانیوں کے لیے اخبار نکالنے کی کوششیں بہت کم نظر آتی ہیں۔ لیکن اس کے بعد منچلے اور دھُن کے پکے ہندوستانی بھی نظر آتے ہیں جو اخباروں کی اہمیت کو سمجھ کر خود بھی اس میدان میں پوری ہمت کے ساتھ اُتر آئے تھے۔

راجہ رام موہن رائے۔ سپہ سالار

راجہ رام موہن رائے، ہندوستانی اخباروں کی دنیا میں سپہ سالار مانے جاتے ہیں۔ یہ بزرگ بنگال کے رادھا نگر میں 1774 میں پیدا ہوئے تھے۔ ان کے خاندان میں سب لوگ پڑھے لکھے تھے اور راجہ رام موہن رائے خود عربی اور فارسی کے بہت بڑے عالم تھے۔ انھیں ان پہلے ہندوستانیوں میں گنا جاتا ہے جنہوں نے انگریزی بھی اچھی طرح پڑھی تھی۔ شروع شروع میں تو انگریزی حکومت اور خود انگریزوں سے انھیں اتنی نفرت تھی کہ یہ ان سے کسی طرح کا تعلق بھی نہیں رکھنا چاہتے تھے۔ مگر بعد میں انھیں کچھ ایسا لگا کہ انگریزی راج ہندوستان کے سماجی پچھڑے پن کے علاج کے لیے ایک دوا

ہے۔ چنانچہ انھوں نے انگریزی بھی پڑھی اور ایسٹ انڈیا کمپنی میں ملازمت بھی کی اور کلکتے میں ایک انگریزی تعلیم کا کالج کھولنے میں بھی مدد کی۔ ان کی ساری زندگی سماج کی اصلاح کے کاموں میں ہی گذری اور انہی کی انتھک کوششوں کا نتیجہ تھا کہ ہندوستان سے ستی کی رسم ختم ہوئی۔

پھر جب مغل بادشاہ شاہ عالم کو کسی ایسے پڑھے لکھے ہندوستانی کی ضرورت پیش آئی جو لندن جاکر برطانوی حکومت کے سامنے اُن کے وظیفے کے بڑھانے کے لیے اپیل کر سکے، تو انہی کو اس کام کے لیے بھی چنا گیا۔ اسی وقت انھیں راجہ کا خطاب بھی ملا۔ یہ پہلے برہمن تھے جو انگلستان گئے تھے۔ 1833 میں ان کا وہیں انتقال بھی ہوا۔ اور پھر سب سے بڑی بات یہ کہ یہ پہلے ایسے ہندوستانی تھے جنھوں نے اخباروں کی ضرورت، اہمیت، اور اس کے فائدوں کو صحیح طور پر سمجھا۔ انھیں اس بات کا یقین ہو گیا تھا کہ عام آدمیوں کی تعلیم اور ان میں سماجی اور سیاسی سمجھ بوجھ پیدا کرنے کے لیے اخبار سے زیادہ کوئی چیز کار آمد نہیں ہے۔ وہ یہ بھی سمجھ گئے تھے کہ عام آدمی کی تعلیم کے لیے اخبار کتاب سے کہیں زیادہ کار آمد ہوتا ہے۔ چونکہ کتاب تو کچھ ہی لوگ پڑھتے ہیں اور ایک یا دو بار سے زیادہ نہیں پڑھتے، مگر اخبار ات بہت سے لوگ پڑھتے ہیں۔ چنانچہ ساری زندگی انگریزی، بنگالی، فارسی اور اردو میں لکھتے بھی رہے اور کئی اخبار بھی نکالے۔

ان کے شروع کیے ہوئے اخباروں میں سب سے پہلا اخبار تھا بنگال کا سمباد کمودی جس کے معنی ہیں خبروں کا چاند۔ یہ ہفتہ واری اخبار دسمبر 1821 میں کلکتے سے نکلا تھا، اور اس لحاظ سے اپنی قسم کا پہلا اخبار کہا جا سکتا ہے کہ یہ ایک ہندوستانی نے ایک ہندوستانی زبان میں، صرف ہندوستانیوں کے لیے نکالا تھا۔ سمباد کمودی کے ایڈیٹر خود موہن رائے نہیں تھے مگر اس میں مستقل لکھتے ضرور رہتے تھے۔ اس اخبار نے لگ بھگ

تینتیس(33) سال کی عمر پائی۔ موہن رائے نے ستی کی رسم کے خلاف اسی اخبار کے ہتھیار سے جنگ لڑی اور جیتی۔ لیکن شاید اس سے بھی بڑا کارنامہ جو انھوں نے اس اخبار کے ذریعہ انجام دیا، وہ یہ تھا کہ کچھ ہندوستانیوں میں خبریں جاننے کا شوق پیدا کر دیا۔ اس کے ساتھ ہی ساتھ کچھ اور لوگوں میں بھی اخبار نکالنے کا چسکا پڑا۔ چنانچہ سمبد کمودی کے جواب میں اور ستی کی حمایت میں کلکتے سے بھی کئی اخبار نکلے۔

ان کا اگلا اخبار تھا، فارسی کا مراۃ الاخبار چونکہ مغل بادشاہوں کے دربار کی زبان فارسی تھی اور سارا سرکاری کام کاج فارسی میں ہی ہوتا تھا، اس لیے کم سے کم شمالی ہندوستان میں فارسی کا بہت رواج تھا۔ یہی وجہ ہے کہ ہندوستان کے بالکل شروع کے اخباروں میں بہت سے اخبار ہمیں فارسی میں بھی نظر آتے ہیں۔

فارسی کا پہلا ہفتہ واری مراۃ الاخبار، 9 اپریل 1822 میں کلکتے سے نکلنا شروع ہوا۔ موہن رائے خود اس کے بھی ایڈیٹر نہیں تھے مگر اس میں لکھتے رہتے تھے اور اسے شروع بھی انھوں نے ہی کیا تھا۔ تقریباً اسی زمانے سے انھوں نے فارسی کا ایک اور ہفتہ واری اخبار جام جہاں نما شروع کیا۔ اس کا مقصد انگریزی اخباروں کی خبروں کو فارسی میں شائع کرنا اور ملک کے مختلف علاقوں سے خبریں حاصل کر کے ہندوستانیوں تک پہنچانا تھا۔ یہ اخبار فارسی ٹائپ میں چھپتا تھا اور اس کے پہلے ایڈیٹر منشی سدا سکھ صاحب تھے۔ اس اخبار نے کافی لمبی عمر پائی۔ لگ بھگ پینسٹھ سال یعنی 1888 تک نکلتا رہا۔ فارسی کے جامِ جہاں نما کے جاری ہونے کے اگلے سال سے اسی اخبار کے ساتھ مگر بالکل الگ مضمون پر اُردو میں بھی جام جہاں نما نکلنا شروع ہوا۔

اردو کا جامِ جہاں نما ہماری اس زبان کا پہلا اخبار تھا۔ اس چار صفحے کے ہفتہ واری اخبار میں خبریں، مضمون، شعر و شاعری سب ہی کچھ ہوتا تھا۔ لیکن افسوس ہے کہ اس

نے لگ بھگ پانچ سال کی عمر پائی اور 1828 میں بند ہو گیا۔ اُردو کے اس پہلے اخبار میں چھپنے والے ایک اشتہار اور خبروں کے ٹکڑوں سے، جنھیں ہم نیچے نقل کر رہے ہیں، آپ کو اندازہ ہو جائے گا کہ اس وقت ہمارے پہلے اخبار کا کیا انداز تھا۔ اور انیسویں صدی کے شروع میں ہماری یہ زبان کیسی تھی۔ اخبار اس طرح شروع ہوتا تھا۔

جامِ جہاں نما

اردو زبان میں، تاریخ 23، ماہ جنوری 1828

اشتہار

سب سے والا گروں کی خدمت میں عرض کیا جاتا ہے کہ تاریخ عالمگیر کا ترجمہ تمام ہو گیا۔ اب اس خاکسار کو منظور ہے کہ الف لیلیٰ کی کتاب کا ترجمہ آغاز سے انجام تک کرے کہ وہ قصہ بہت مطبوع اور حکایتیں اس کی ایسی دلچسپ ہیں کہ پڑھنے والے اس کاغذ کے بے اندازہ مسرت اٹھاویں گے۔ وہ کتاب آج تک بالکل (پوری کی پوری) ہندی (یعنی اردو) فارسی میں ترجمہ بھی نہیں ہوئی۔۔۔ ایسی کتاب کا ترجمہ کرنا مجھ بے استعداد کا کام نہیں۔ صرف مطلب اس کا اگر سست لفظوں میں اور نادرست عبارت میں ادا ہو۔ پس غنیمت ہے۔۔۔۔

خبریں کچھ اس طرح ہوتی تھیں:

مہاراجہ ملہار راؤ ہولکر کی خبر

اخبار کے کاغذ میں دیکھا گیا کہ مہاراجہ ہولکر بدستور اپنے مقام گاہ میں تشریف رکھتے ہیں۔ ایک دن تانیتا صاحب نے دکن کی آئی ہوئی چٹھی دکھلا کر یہ عرض کیا کہ جو فوج چولی مہر کی طرف گئی تھی وہاں سے آکر سرکار کے لشکر میں شامل ہوئی۔

ایک اور چھوٹی سی خبر اس طرح تھی:

پونا کی خبر

اخبار کے کاغذ میں لکھا ہے کہ ایک دن وہاں کے مختار صاحب کو خبر پہنچی کہ بارہ ہزار آدمی رعایا اس ملک کے جگنناتھ پوجا سے ایک جگہ اکٹھا تھے کہ ہزاروں آدمی مر گئے 1۔

اس وقت کے اخبار میں نہ کوئی کالم ہوتا تھا، نہ شروع یا بیچ میں کوئی موٹی سرخی۔ آخری خبر جہاں ختم ہوتی تھی وہاں لکھ دیا جاتا تھا "ختم" اور پھر لکھا جاتا تھا:

"کلکتہ مقام کے بیچ مشین پریس چھاپہ خانے میں چھاپی گئی۔"

اس زمانے میں اخبار کے چندے کو دیکھ کر اندازہ ہوتا ہے کہ انیسویں صدی میں ہندوستانی اخبار کتنے مہنگے ہوتے تھے۔ کوئی بھی ہفتہ واری اخبار ایک مہینے میں زیادہ سے زیادہ پانچ بار یا عام طور پر چار بار نکل سکتا ہے۔ اردو جامِ جہاں نما کا چندہ دو روپے ماہوار تھا۔ اس طرح اس کا ایک پرچہ لگ بھگ آدھے روپے (آٹھ آنے یا پچاس پیسے) کی قیمت کا ہوتا تھا۔

انیسویں صدی کے شروع میں اس آدھے روپے کی کتنی قیمت تھی، یا اس سے کتنا سامان خریدا جا سکتا تھا اس کا اندازہ بھی تم ایک کامرشیل کرنٹ (Commercial Current) میں اپریل 1818 میں چھپے کچھ بازار کے بھاؤ کو دیکھ کر لگا سکتے ہو:۔

اپریل 1818 میں قیمتیں / دسمبر 1984 میں قیمتیں (فی من یا لگ بھگ 40 کلو گرام)

چناI۔ ایک روپیہ دس آنے (1.62) سے ایک روپیہ 12 آنے (1.75) /190 روپے سے 206 روپے

مونگ 2 روپے 12 آنے (2.75) سے 3 روپے /209 سے 221 روپے

چاول پُرانا 3 روپے سے 3 روپے 4 آنے (3.25)/(باسمتی) 440

گیہوں اول درجہ 2 روپے 2 آنے (2.12) سے 2 روپے 5 آنے (2.31)/

(دیسی) 82 روپے سے 110 روپے

اس کا مطلب یہ ہوا کہ 1818 میں جتنی قیمت میں ایک ہفتہ واری اخبار خریدا جا سکتا تھا۔ یعنی آدھا روپیہ۔ اس سے بازار میں لگ بھگ ایک چوتھائی من یعنی دس سیر گیہوں بھی خریدا جا سکتا تھا۔ اب 1984 کے آخر میں اتنا گیہوں لگ بھگ 25 روپے میں خریدا جا سکتا ہے۔

اب ظاہر ہے کہ اتنے مہنگے اخبار کو صرف رئیس امیر اور راجہ نواب ہی پڑھ سکتے تھے۔ معمولی آدمی کے بس کی تو یہ بات نہیں تھی کہ وہ اخبار خرید سکے اور غریب آدمی جس سے یہ ملک انیسویں صدی میں بھرا پڑا تھا، وہ تو اخبار جیسی چیز کو جانتا بھی نہیں تھا۔

کچھ اور اخبار

بنگال اور خاص طور پر کلکتہ نے ہندوستان میں اخباروں کو شروع کرنے اور پھیلانے میں اٹھارہویں اور انیسویں صدی میں وہی کام انجام دیا جو انگلستان میں سترہویں اور اٹھارہویں صدی میں لندن نے کیا تھا۔ اس کی ایک وجہ تو یہی تھی کہ کلکتہ ایسٹ انڈیا کمپنی کا مرکز تھا۔ اس کے اثر سے بنگال اور خاص طور پر کلکتے میں آہستہ آہستہ ایک پڑھا لکھا طبقہ پیدا ہو نا شروع ہو گیا تھا۔ ان میں وہ لوگ بھی تھے جو ایسٹ انڈیا کمپنی کے ملازم تھے۔ یہ لوگ صرف انگریزی ہی نہیں پڑھتے تھے بلکہ انگریزوں سے ملتے جلتے بھی تھے اور ان کے رہن سہن کو قریب سے دیکھتے رہتے تھے۔ اس کی وجہ سے خود ان کے رہن سہن اور سوچنے سمجھنے کے انداز میں بھی آہستہ آہستہ کچھ فرق آتا جا رہا تھا۔

اخباروں کے لیے کلکتے میں میدان تیار ہو چکا تھا۔ چنانچہ وہاں انگریزی، بنگالی، فارسی

اور اردو اخباروں کے علاوہ اور زبانوں میں بھی اخبار اور رسالے نکل رہے تھے ہندی کا پہلا ہفتہ واری اخبار اودنت مار تنڈ مئی 1836 میں کلکتے سے ہی نکلنا شروع ہوا۔ یہ لگ بھگ ڈیڑھ سال تک لوگوں کے ہاتھوں میں آتا رہا۔ہندی کا دوسرا اخبار سماچار سدھا درشن تھا۔ یہ بھی1854 میں کلکتے سے ہی نکلنا شروع ہوا تھا۔

1828 میں جب اخباروں کے متعلق کچھ معلومات حاصل کی گئیں تو پتہ چلا کہ اس وقت کلکتے سے دوروزانہ اخبار نکلتے تھے جن کی کل اشاعت 155 اور 204 تھی۔ اسی طرح تین اخبار تین روزہ تھے جن کی اشاعت 297-280اور 189 تھی۔فارسی کا اخبار جامِ جہاں نما تھا جس کی چھبیس کاپیاں چھپتی تھیں۔

پھر جب گیارہ سال بعد یعنی 1839 میں یہی معلومات دوبارہ جمع کی گئی تو پتہ چلا کہ کلکتہ سے انگریزی میں چھ روزانہ اخبار، بیس تین روزہ اور ہفتہ وار اخبار نکلتے تھے۔ان کے علاوہ سب ملا کر نو(9) اخبار ہندوستانی زبانوں کے تھے۔

مگر اس کا یہ مطلب بھی نہیں ہے کہ ملک کے دوسرے حصوں میں اپنے اپنے علاقوں کی زبانوں میں اخبار نکالنے کی کوشش ابھی شروع ہی نہیں ہوئی تھی۔1822 میں ہی بمبئی سے گجراتی کا پہلا ہفتہ واری اخبار ممبانیا سماچار، نکلنا شروع ہوا۔اس کے ایڈیٹر اور مالک ایک پارسی مرزبان جی تھے۔ اخبار نے کچھ ایسی ترقی کی کہ دس سال بعد ہی یہ روزانہ اخبار ہو گیا اور اس نے عمر بھی اتنی پائی کہ لگ بھگ ڈیڑھ سو سال بعد اب بھی زندہ ہے۔اس لحاظ سے کسی ہندوستانی زبان کا سب سے بزرگ اخبار کہا جا سکتا ہے۔اسی گجراتی اخبار کو ہندوستان کی کسی زبان کا پہلا روزانہ اخبار ہونے کا فخر بھی حاصل ہے۔

ادھر نئے جنرل چارلس مٹکاف کے زمانے میں 1835 میں اخباروں کو کچھ تھوڑی سی آزادی بھی دی گئی۔اب اخبار نکالنے کے لیے کسی قسم کا لائسنس حاصل کرنے کی

ضرورت نہیں تھی۔ کلکتے کی پڑھی لکھی آبادی کو یہ بات کچھ اتنی اچھی لگی کہ انھوں نے ایک لائبریری قائم کی جس کا نام رکھا گیا مٹکاف ہال۔ لیکن انگریزی حکومت کو یہ بات اتنی بُری لگی کہ اس نے مٹکاف کو گورنر جنرل کے عہدے سے ہٹا کر آگرے کا لفٹیننٹ گورنر بنا دیا۔ لیکن اتفاق سے اگلا گورنر جنرل بھی اخباروں کی آزادی کا اتنا مخالف نہیں تھا۔ نتیجہ یہ ہوا کہ اس کے بعد ہندوستانی زبانوں میں بہت سے اخبار نکلنے شروع ہوئے اور اخباروں کے لیے صرف کلکتہ ہی مرکز نہیں رہا۔ دہلی، میرٹھ، آگرہ، کانپور، بنارس، لدھیانہ اور بہت سی اور جگہوں سے بھی اخبار نکلنے شروع ہو گئے۔

اردو ہندی اخبار

انیسویں صدی کے درمیانی حصے تک اردو ملک کے لگ بھگ پورے شمالی حصے میں بولی بھی جاتی تھی اور سرکاری زبان بھی تھی۔ اب تک اس میں سوداؔ اور میرؔ جیسے بہت سے اچھے شاعر بھی پیدا ہو چکے تھے اور آہستہ آہستہ مضمون لکھنے والے جیسے مولانا محمد حسینؔ آزاد اور سر سیدؔ احمد خاں وغیرہ بھی ابھر رہے تھے۔ چنانچہ یہ زبان اخباری دنیا میں بھی پیچھے نہیں رہی اور ملک کے بہت سے علاقوں سے اَن گنت اردُو اخبار نکلنے شروع ہوئے۔ ہم اس دور کے کچھ بہت خاص خاص اخباروں کا ذکر خبروں کے نمونے، اور ان کے بارے میں کچھ دوسری دل چسپ باتیں مختصر طور پر تمھیں بتائے دیتے ہیں تاکہ تمھیں یہ اندازہ ہو جائے کہ انیسویں صدی کے درمیانی حصے تک اردو اخباروں کا کیا حال تھا۔

مولانا محمد حسینؔ آزاد جو اُردو کے ایک مشہور مصنف مانے جاتے ہیں۔ ان کے والد مولوی محمد باقر صاحب بھی دہلی کے بہت پڑھے لکھے اور مشہور آدمی تھے۔ انھوں نے 1837 سے ایک ہفتہ وار دہلی اخبار نکالا جو دہلی کا پہلا اردو اخبار تھا۔ کچھ عرصے بعد

اس کا نام دہلی اردو اخبار ہو گیا تھا۔ یہ دہلی کا کافی مقبول اخبار تھا اور صاف ستھرے انداز میں لیتھو پریس پر چھپتا تھا۔ 1857 میں بغاوت کے وقت یہ پوری باقاعدگی سے نکلتا رہا۔ بغاوت کی کامیابی کی امید میں بالکل آخری دنوں میں اس کا نام اخبار الظفر کر دیا گیا تھا مگر پھر جلدی ہی 13 دسمبر 1857 کے پرچے کے بعد اس کا اگلا پرچہ نہ نکل سکا اور یہ کوئی بیس سال کی عمر پوری کر کے ختم ہو گیا۔

ایک اور ہفتہ وار اخبار 1854 میں دہلی سے نکلنا شروع ہوا، جس کا نام تھا—صادق الاخبار یہ بھی اپنے دور کا بہت مقبول اور اچھا اخبار مانا جاتا تھا۔ اس کے ایڈیٹر سید جمیل الدین ہجرؔ صاحب ہندوستانیوں کی غلامی کو برداشت نہیں کر سکتے تھے۔ چنانچہ 1857 میں بغاوت کے زمانے میں اس اخبار کا ایک ایک لفظ جنگ کی خبروں اور ہندوستانیوں کے دل بڑھانے کے لیے وقف کر دیا گیا تھا۔ بغاوت کی ناکامی پر یہ اخبار بھی بند ہوا اور اس کے ایڈیٹر ہجرؔ صاحب کو بھی تین سال قید کی سزا ہوئی۔

دہلی سے ہی 1845 میں ایک سائنسی اور تاریخی ماہانہ رسالہ فوائد الناظرین نکلنا شروع ہوا تھا، جو کچھ دن بعد پندرہ روزہ ہو گیا تھا۔ اس کے ایڈیٹر اس زمانے کے ایک بہت قابل شخص ماسٹر رام چندرؔ صاحب تھے، جو دلی کالج میں استاد بھی تھے۔

اس رسالے میں علمی اور سائنسی مضمونوں کے ساتھ ساتھ جغرافیائی نقشے، سائنسی آلات کی تصویریں اور کبھی کبھی لندن کے مشہور اخبار ٹائمس کے مضمونوں کے ترجمے بھی چھپ جاتے تھے۔ ہر سال کے پہلے پرچے میں گزرے ہوئے سال کی خاص خاص خبروں کا خلاصہ بھی ہوتا تھا۔ یہ طریقہ آج بھی دنیا کے بڑے بڑے اخبار اپنائے ہوئے ہیں۔ ماسٹر رام چندر جی نے ایک اسی قسم کا رسالہ خیر خواہ ہند بھی نکالا تھا جو کچھ دن بعد محب ہند کہلانے لگا تھا۔

بنارس میں ایک دلچسپ ہفتہ واری اخبار سدھاکر اخبار کے نام سے دیو ناگری یعنی ہندی رسم الخط میں چھپنا شروع ہوا تھا جس کی خاص بات یہ تھی کہ ویسے تو یہ ہندی کا ہی اخبار مانا جاتا تھا مگر جو زبان اس میں لکھی جاتی تھی، وہ خاصی ٹھیٹھ اردو ہوتی تھی۔ ایک رپورٹ سے پتہ چلتا ہے کہ اس اخبار کی کل پچھتر (75) کاپیاں چھپتی تھیں، جن سے کل بہتّر (72) روپے آمدنی ہوتی تھی۔ اخبار پر سب ملا کر پچاس روپے مہینہ خرچ آتا تھا۔ اس طرح اس کے چھاپنے والے پنڈت رتن ایشور تیواڑی جی کو بائیس روپے مہینہ بچ بھی رہتا تھا۔

آگرہ کے ایک اخبار زبدۃ الاخبار کے متعلق پتہ چلتا ہے کہ ایک صاحب منشی واجد علی نے 1833 میں یہ اخبار نکالنا شروع کیا تھا۔ یہ صاحب قسمت کے بڑے دھنی تھے۔ انھیں کئی ریاستوں کے راجہ اور نواب اس لیے، سب ملا کر ایک سو پانچ روپے دیتے تھے کہ یہ اپنے اخبار میں ان کے خلاف کچھ نہ لکھیں۔ اپنے اخبار کی بکری اور راجہ نوابوں سے جو آمدنی ہوتی تھی اس میں سے اخبار کی چھپائی وغیرہ کے چالیس روپے نکال کر لگ بھگ دو سو روپے ماہوار بچ بھی رہتے تھے۔ مگر پھر بھی یہ اخبار اپنے وقت کے اچھے اخباروں میں گنا جاتا تھا۔

ہم نے اس وقت کے اَن گنت اخباروں اور رسالوں میں سے گنتی کے کچھ اخباروں کا ذکر کیا ہے تاکہ تمھیں اس وقت کے اخباروں کا تھوڑا سا اندازہ ہو جائے۔

کچھ خبریں

انیسویں صدی کے درمیانی حصے میں اردو اخباروں کی زبان، انداز، خبریں دینے کے طریقے اور پھر کس طرح کی خبریں اخباروں میں دی جاتی تھیں، ان تمام باتوں کو اس وقت تک نہیں سمجھا جا سکتا جب تک ان کی کچھ مثالیں تمھارے سامنے دہرا نہ دی جائیں۔ ظاہر

ہے کہ اس زمانے کی زبان آج کی زبان سے کافی مختلف رہی ہو گی۔ ابھی تم نے اُردو کے سب سے پہلے اخبار جامِ جہاں نما میں چھپی زبان پڑھی تھی۔ اب دیکھو کہ لگ بھگ پچیس تیس سال میں اس میں کیا فرق پیدا ہو گیا۔ نیچے دی ہوئی خبروں میں جہاں بہت مشکل لفظ ہیں۔ ان کا مطلب ہم نے بریکٹ () میں دے دیا ہے۔

4 اگست 1848 میں دہلی کے اسعد الاخبار نے 1838 کی دہلی کی آبادی کی کتنی تفصیل شائع کی تھی۔ یقیناً اپنے وقت میں یہ بڑے کام کی اطلاع رہی ہو گی، مگر اس میں کمزوری یہ ہے کہ آج کی طرح اس خبر کے ساتھ یہ نہیں بتایا گیا کہ اخبار نے یہ اعداد و شمار کہاں سے حاصل کیے تھے۔ اس خبر کو نقل کرتے وقت صرف اتنی تبدیلی کی گئی ہے کہ اصلی خبر میں تمام رقمیں الفاظ میں لکھی گئی تھیں اور ہم نے آسانی کے لیے انھیں ہندسوں میں لکھ دیا ہے۔

1ِ دہلی میں اندرون شہر 12 تھانے ہیں اور 570 محلے، اور 18287، چُونا گچ کی عمارات اور 7220 کچے گھر اور 9780 دکانیں چونا گچ کی اور 165 کچی دکانیں۔ تمام دکانیں اور حویلیوں کی میزان 65556 (صحیح جوڑ 35552 ہونا چاہیے) اور مسجدیں 261 اور مندر 181، قوم فرنگ زن، مرد، بچہ (انگریز عورتیں مرد اور بچے) 327۔ اہل اسلام 66120، قوم ہنود 71530۔ کنوئیں 118 مکتب 196۔

آگرے کے ہفتہ وار نزہت الاخبار میں 9 اگست 1851 کو چھپی ایک اور کارآمد چیز پڑھیے جس میں، بتایا گیا ہے کہ یورپی ملکوں میں اخبار کی چھپائی کی ترقی کس طرح ہوئی۔

خبر چھاپہ

اولاً 1812 میں دخانی کل (بھاپ سے چلنے والی مشین) سے جب اخبار چھپتے تھے تو ایک گھنٹے میں گیارہ سو (1100) اخبار چھپ جاتے تھے۔ 1846 میں ایسی حکمت اور

تدبیر سے کل بنائی گئی کہ بڑے بڑے آٹھ صفحوں کے اخبار ایک گھنٹے میں چھ ہزار (6000) چھپتے تھے اور ایک صفحہ ہندوستانی اخبار سے آٹھ گنا ہے۔ لیکن اب ایسی کل ایجاد کی ہے کہ اس سے ایک گھنٹے میں دس ہزار (10000) چھپتے ہیں۔ اور ایک ہزار سات سو(1700)اشتہار چھپتے ہیں اور ایک صفحہ اشتہار کے لیے دس ہزار اسّی (10080)اشتہار اس کے مالک کو ملتے ہیں۔۔۔ امریکہ میں ایک چھاپہ خانہ ہے کہ جس میں فی گھنٹہ بیس ہزار (20000) پرچے چھپتے ہیں۔

ایک دل چسپ خبر جو آگرہ کے اسعد الاخبار میں 17 نومبر 1850 کو چھپی تھی آگے لکھی جا رہی ہے۔ اس اخبار نے یہ خبر آگرہ کے ہی زبدۃ الاخبار سے نقل کی تھی۔ ویسے یہ کسی انگریزی اخبار سے لی گئی ہو گی۔ اب خدا معلوم یہ خبر کہاں تک صحیح ہے یا اس کا کتنا حصہ صحیح اور کتنا غلط ہے۔

خبر غبارہ

ان دنوں لیفٹیننٹ کیل نے ایک بڑا غبارہ بنا کر اپنے گھوڑے سے اس کو باندھا اور گھوڑے پر سوار ہو کر آسمان کی طرف اڑا اور ایک لمحے میں نظر سے غائب ہو گیا اور پانچ ساعت تک نظر سے غائب رہا۔ جب گھوڑے کے تڑپنے سے یا کسی اور وجہ سے غبارہ پھٹ گیا تو وہ زمین پر اترا اور گھوڑا غبارہ سے جدا ہو کر زمین پر گر پڑا اور لیفٹیننٹ کیل ویسے ہی غبارے سے الجھا رہا۔ غبارہ جب گھوڑے کے گر پڑنے سے ہلکا ہوا تو پھر آسمان پر چڑھا اور لیفٹیننٹ کیل کو لے اڑا۔ دوسرے دن چھ میل کے فاصلے پر کھیت والوں نے لیفٹیننٹ کیل کی لاش پڑی دیکھی۔ کتّوں اور درندوں نے اس کا منھ نوچ کھایا تھا۔ اور آدھے میل کے فاصلے پر غبارہ بھی پڑا تھا۔ اور اس کے خویش و اقربا(خاندان کے لوگ اور عزیز) ڈھونڈتے ہوئے نعش پر گئے اور اس کو دفن کیا۔ کہتے ہیں بارہا اس طرح اکثر انگریزوں کی

جان تلف ہوئی ہے، تو بھی ایسی باتوں سے باز نہیں آتے۔ نہیں معلوم اس میں کیا فائدہ ہے۔ 1، 2

(زبدۃ الاخبار)

ایک اور دل چسپ خبر 1854 میں پنجاب سے نکلنے والے ایک اخبار کوہِ نور میں چھپی تھی۔

خبر بجلی ڈاک

بجلی کی ڈاک کا تار لاہور تک بخوبی لگ گیا۔۔۔ غالب ہے کہ صبح و شام میں اجراء پاوے اور پشاور تک بعد برسات کے جاری ہو گا۔۔۔ کسی کی سمجھ میں کچھ نہیں آتا، کوئی کہتا ہے کہ اس تار کے اوپر تھالی چلے گی، کوئی خیال کرتا ہے کہ تھیلی (تھیلی۔ یعنی ڈاک کا تھیلا) دوڑے گی۔ مگر جب دیکھتے ہیں کہ دریا کے اوپر پہنچ کر تار کناروں پر زمین میں داب دیا ہے اور دریا کے اندر پانی میں چلا گیا ہے اور دوسرے کنارے پر پھر نکل کر کڑے پر چڈھا (چڑھا) دیا گیا ہے۔ ان کی عقل خبط ہو جاتی ہے کہ یہاں تھیلی تار پر کیوں کر چلے گی۔ راقم اخبار کو اس امر کی تحقیقات کا بہت خیال ہے۔۔۔ ابھی کچھ معلوم نہیں ہے کہ بجلی کی ڈاک کیوں کر چلے گی اور کلکتہ بمبئی کی خبر لاہور یا پشاور تک ایک ہی دن میں کیوں کر پہنچے گی۔۔۔ جب لاہور میں یہ کارخانہ اجراء پاوے گا تو حال مفصّل اس کا معلوم ہو جاویگا۔ اس وقت مفصل حوالۂ قلم کیا جاوے گا۔

تو یہ خبر تھی اس وقت کی جب ہندوستان کے بڑے بڑے شہروں میں ٹیلیگراف کے تار لگائے جارہے تھے۔ ایک اور خبر جو تم ابھی پڑھو گے، بنارس کے ایک ہفتہ واری اخبار آفتاب ہند کی ہے جس کے ایڈیٹر تھے بابو کاشی داس متر۔

1۔ ایک شخص انگریز نے ایک دربان کو ضرب گولی سے ہلاک کیا اور گرفتار عدالت

ہوئے چنانچہ 11 جنوری سنہ حال (1853) کو مقدمہ مذکور عدالت سپریم کورٹ میں دائر ہو کر اظہارات سے گواہان کے ظاہر ہوا کہ بروز ماجرا (واقعے کے دن) شام کے وقت مسٹر مسلیؔ و نیوجینٹؔ اور سویلؔ و والٹریہؔ چار شخص انگریز پر سواری بگیؔ محاذی دروازہ لا کہ بابو کے پہنچ کر شکار کنۃ۔؟ میں مشغول ہوئے اور دربان بابو موصوف مانع ہوا۔ انھوں نے نہ مانا اور ارادہ اندر جانے کا کیا اور مع حربہ لاٹھی و بندوق مستعد زدوضرب ہوئے لیکن وہ دربان مانع ہی رہا۔ اس میں مسلی صاحب نے پُر غضب ہو کر بندوق چلایا اور ظالم سنگھ نامی پیادہ ضربِ گولی سے مجروح (زخمی) ہوا اور بعد کچھ دیر کے جان بحق ہو گیا (مر گیا) و جملہ انگریزان گرفتار ہوئے اور مسٹر مسلی صاحب بحضور جناب صاحب مجسٹریٹ بہادر چوبیس پرگنہ (بنگال) کے اس طرح مظہر ہوئے کہ میں نے بہ ارادہ ہلاکت کے بندوق سر نہیں کیا اور ظالم سنگھ سے عداوت کچھ نہیں تھی کہ اس کو مارتا صرف واسطے حفاظت اپنی جان کے بندوق سر کیا کہ گولی اس کی رانوں کے درمیان سے نکل کر جائے گی مگر نشانے نے خطا کیا کہ گولی اس کی ران میں اثر کر گئی کہ وہ مر گیا۔ صاحبان کونسلی نے سوال جواب میں کوتاہی نہیں کیا۔ اور جوریوں کی تجویز سے مسٹر مسلی مجرم ٹھہرے۔ جناب صاحب جج بہادر نے ان کے حق میں یہ حکم صادر فرمایا کہ تین مدعاعلیہ رہائی پاویں و مسٹر مسلیؔ صاحب ایک برس تک بلا محنت مقید رہیں اور مجرم کو یہ تسلی دی گئی کہ تم کو قید میں کچھ تکلیف نہ ہو گی سیر کتب بخوبی کیا کرو۔

اس کو عدالت شاہی کہتے ہیں کہ جس میں جان رعایا جائے اور داد خواہ داد نہ پاوے اگر کسی ہندوستانی سے ایسا جرم ہوتا تو بے شک سزا کو پہنچتا۔

اگر تم اس خبر کے لفظوں کو الگ الگ بھی سمجھنا چاہو تو اپنے کسی ایسے بزرگ سے جو پرانی اردو جانتے ہوں۔ سمجھ لینا۔ مگر یہ خبر ہم نے صرف اس زمانے کی زبان کا نمونہ دکھا

نے کے لیے نہیں نقل کی۔ اس خبر سے اخبار کے ایک بہت بڑے گن یا خصوصیت کا بھی اندازہ ہو سکتا ہے۔ اخبار کا یہ گن ہے۔ اپنے وقت کے حالات کی صحیح صحیح تصویر لوگوں کے سامنے پیش کرنا۔ جتنا اچھا اخبار ہو گا پڑھنے والے کے سامنے اس وقت کی اتنی ہی اچھی اور سچی تصویر اُبھر کر سامنے آئے گی۔ ذرا سچ سچ بتانا کہ اس خبر کو پڑھ کر کیا تمہیں سب سے پہلا خیال یہ نہیں آیا کہ غریب ظالم سنگھ دربان، جو صرف اپنا فرض پورا کر رہا تھا۔ بے قصور مارا گیا۔ اور ظالم سنگھ سے مظلوم ہو گیا۔ ایک ظالم انگریز افسر کو انگریزی عدالت نے صرف سادی قید کی سزا دی اور یہ بھی بتا دیا کہ قید خانے میں اسے کسی طرح کی تکلیف نہ ہو گی اور وہ بڑے سکون سے کتابیں بڑھ سکتا ہے۔

حالانکہ ایڈیٹر صاحب نے بڑے حصے میں صرف خبر ہی بیان کی ہے مگر بات آئینے کی طرح صاف ہو جاتی ہے۔ اور پھر آخری دو حصے تو اس وقت ہندوستانیوں کے سوچنے سمجھنے کے ڈھنگ کی بہترین تصویر کھینچ دیتے ہیں۔ اور پھر یہ بھی ذہن میں رکھنا کہ یہ خبر 1853 میں چھپی تھی اور اس کے صرف چار سال بعد ہندوستان میں انگریزوں کے خلاف پہلی بغاوت ہوئی تھی۔

شاید ایسے ہی اخباروں کو ذہن میں رکھ کر ہندوستان کے گورنر جنرل لارڈ کیننگ (Lord Canning) نے جنہوں نے 1857 کی بغاوت کو پوری طرح کچلا تھا، ایک جگہ اُس دور کے ہندوستانی زبانوں کے اخباروں کے متعلق کہا تھا۔

۔۔۔۔ دیسی اخباروں نے خبریں شائع کرنے کی آڑ میں ہندوستانی باشندوں کے دلوں میں دلیرانہ حد تک بغاوت کے جذبات پیدا کر دیے۔ یہ کام بڑی مستعدی چالاکی اور عیاری کے ساتھ انجام دیا گیا۔

خیر صاحب، شمالی ہندوستان جہاں اردو بولی، سمجھی اور پڑھی لکھی جاتی ہے، اگر وہاں

کے لگ بھگ ہر بڑے شہر میں انیسویں صدی کے درمیانی حصے تک اردو اخبار اور رسالے، پھلے پھولے تو یہ کوئی حیرت کی بات نہیں تھی۔ مگر جنوبی ہندوستان سے نکلنے والے اردو کے کچھ اخباروں کے نام سن کر ضرور تعجب ہوتا ہے۔ صرف مدراس سے ہی 1852 میں اعظم الاخبار، 1849 میں آفتاب عالمتاب، اور تیسر الاخبار 1852 میں جامع الاخبار نکلے۔ مدراس کے علاوہ بھی جنوبی ہندوستان میں اس زمانے میں بہت سے اُردو اخبار نکلنے شروع ہوئے۔

(۵) پانچواں باب: بغاوت اور بغاوت کے بعد

بغاوت

اکبر اعظم کے پوتے پر پوتے کمزور ہوتے چلے گئے۔ ان کی حکومت کا علاقہ کم ہوتا چلا گیا۔ اور انگریز مضبوط ہوتے چلے گئے۔ انیسویں صدی کا درمیانی زمانہ ایسا وقت کہا جا سکتا ہے کہ جس وقت ہندوستان آہستہ آہستہ بالکل اونگھ سا گیا تھا۔ مگر جیسے اونگھنے والا بھی کبھی کبھی چونک پڑتا ہے، اور ان جھٹکوں میں ایک آدھ جھٹکا بہت زور دار بھی ہوتا ہے، ایسا ہی ہندوستان میں بھی ہوا۔ 1857 میں بغاوت ہوئی جس نے پورے ملک کو جھنجوڑ سا دیا اور اس کے بعد کچھ عرصے تک تو ہندوستانیوں کی کچھ سمجھ میں ہی نہیں آیا کہ ایک دم یہ سب کیا ہو گیا وہ آنکھیں مل مل کر گزرے ہوئے زمانے اور اپنی غلامی کو دیکھتے رہے، مگر پھر آہستہ آہستہ انگڑائی لے کر کھڑے ہو گئے۔

1857 سے 1947 تک صرف نوّے سال - ویسے تو یہ خود ایک دلچسپ کہانی، بلکہ بہت سی کہانیوں کی ایک مالا سی ہے، مگر اس وقت تو ہم صرف یہ دیکھنا چاہتے ہیں کہ ملک کے اس بدلتے ہوئے دور میں اخباروں نے کیا کام انجام دیا۔

11 مئی 1857 کو جب انگریزوں کے خلاف بغاوت شروع ہوئی ہے، اس وقت، اور پوری بغاوت کے زمانے میں دہلی پر کیا گزری ہے، اس کا بیان اس وقت کے کچھ اخباروں میں چھپی کچھ خبروں سے اچھا کہیں نہیں مل سکتا۔ ہم نے نیچے دی ہوئی خبریں، دہلی اردو اخبار، صادق الاخبار، اور کوہِ نور، اخباروں سے چنی ہیں جن کے نام تم پہلے بھی

پڑھ چکے ہو۔ دہلی اردو اخبار میں مولوی محمد باقر صاحب بڑی مشکل زبان لکھتے تھے۔ اس لیے ہم نے بریکٹ کے درمیان ان کی زبان کو آسان لفظوں میں لکھ دیا ہے

1ء نمبر 20 بتاریخ 17- مئی مطابق 21ماہ رمضان المبارک 1273 ہجری۔ روز یکشنبہ جلد19۔

قل فاعتبر وایااولی الابصار۔

(کہو۔ اے سمجھ دار لوگ اس سے عبرت حاصل کرو)

۔۔۔۔۔ کہ ابھی تک بہت لوگوں کو یہ خیال ہے کہ آیا یہ واقعہ واقعی واقع ہوا یا جو کچھ (ہم اپنی آنکھوں سے) دیکھ رہے ہیں۔۔۔ خواب ہے۔ المختصر روز دوشنبہ، 16 تاریخ ماہ رمضان مطابق 11 مئی 1857 مسیحائی کو کہ (گرمیوں کے موسم کی وجہ سے) اول وقت کچہری ہو رہی تھی صاحب مجسٹریٹ محکمہ عدالت میں (حکم جاری کر رہے تھے) کہ سات بجے کے بعد۔۔۔۔۔ داروغہ پُل نے آن کر خبر دی کہ صبح کو چند ترک سوار چھاؤنی میرٹھ کے پل سے اتر کر آئے اور ہم لوگوں پر ظلم وزیادتی کرنے لگے۔۔۔۔۔ وہ لوگ جو آئے تھے انھوں نے محصول گھر سڑک کا کہ واقع سڑک سلیم پور ہے، پھونک دیا ہے۔ صاحب سن کر (ٹھٹکے) اور اٹھ کر جناب مجسٹریٹ کے پاس کہ دوسرے کمرے میں اجلاس کرتا تھا چلے گئے اور کچھ (گٹ پٹ) کر کے خزانے کے کمرے میں گئے اور صاحب خانہ سے مشورہ کر کے (خزانے کے سپاہیوں کو کمر باندھنے) کا حکم دیا۔۔۔ اس اثناء میں سنا گیا کہ وہ ترک سوار اب قلعۂ مبارک (کے نیچے) جھروکے کے (سامنے) جمع ہیں۔ اور حضورِ والا ظلِ سبحانی (بہادر شاہ ظفر) سے (درخواست کر رہے ہیں کہ حضور کے سامنے حاضر ہونے کی اجازت) پاویں۔۔۔۔ تھوڑی دیر میں سنا کہ قلعدار اور بڑے صاحب و ڈاکٹر صاحب و میم لوگ وغیرہ دروازے میں مارے گئے اور سوار قلعے میں چلے

آئے۔ حضور اقدس بھی (سر پر مبارک پگڑی) رکھ کر ولایتی شمشیر (کمر پر سجا کر) تشریف فرمائے دربار ہوئے۔ اول چند سوار آئے اور دریا گنج کے انگریزوں کو مارتے ہوئے اور دو بنگلہ جلاتے ہوئے (قلعہ کے نیچے اسپتال کے سامنے) آئے۔ کہتے ہیں کہ بڑے صاحب و قلع دار وڈاکٹر وغیرہ چند انگریز کلکتہ دروازے پر کھڑے ہوئے دور بین لگائے سڑک میرٹھ کا حال دریافت کر رہے تھے کہ دو سوار آئے۔ اس میں سے ایک نے تمنچہ اپنا جھاڑا اور ایک انگریز کو مار گرایا۔ اور باقی جو بچ کر آئے (اوپر جس طرح ذکر کیا گیا) دروازہ قلعہ میں آکر مارے گئے۔ اور پھر سوار بھی آپہنچے اور شہر میں غل ہو گیا کہ فلاں انگریز وہاں مارا گیا اور فلاں وہاں پڑا ہے۔ (یہ گناہ گار لکھنے والا) بھی یہ چرچہ دیکھ کر اور آواز بندوقوں کی سن کر۔۔۔۔۔۔ باہر نکلا تو بازار میں عجب عالم دیکھا کہ جانب بازار کشمیری دروازے سے لوگ بے تحاشہ بھاگے چلے آتے ہیں لیکن چونکہ حقیر کو (اپنے اخبار پڑھنے والوں کی طبیعت کا خیال اپنی جانِ عزیز سے زیادہ پیارا تھا) لہذا بے تکلف واسطے دریافت حال کے سیدھا اسی طرف روانہ ہوا کہ زیر کوٹھی سکندر صاحب پہنچ کر ایک آواز بندوقوں کی باڑ کی سامنے سے سنائی دی۔ آگے چلا تو دیکھا کہ صاحب بہادر جیو (ہاتھ میں ننگی تلوار لیے) سراسیمہ وبدحواس بے تحاشہ بھاگے چلے آتے ہیں اور پیچھے پیچھے ان کے چند تلنگے بندوقیں سر کرتے چلے آتے ہیں۔ اور عوام شہر بھی کسی کے ہاتھ میں پلنگ کی پٹی کسی کے ہاتھ میں بانس کا ٹوٹا (پیچھے) چلے آتے ہیں۔۔۔ آگے بڑھ کر گرجا گھر (کے سامنے) اور کالنس صاحب (کی کوٹھی کے نیچے) دیکھا کہ دو سو تین سو ترک سوار تلنگہ کھڑے ہوئے ہیں اور ان میں سے بٹ بٹ کر ادھر ادھر پھیلتے جاتے ہیں اور ایک ایک سے سوال ہے کہ بتاؤ انگریز کہاں ہیں۔۔۔۔۔۔ اور ایک آناً فاناً میں دیکھا گیا کہ جس کوچے میں دیکھو دو تین انگریز۔۔۔۔۔۔۔ مرے ہوئے پڑے ہیں۔۔۔۔۔۔ بعد

تھوڑی دیر کے حقیر بہ طرف میگزین (ہتھیار خانہ) گیا۔۔۔۔۔۔ تو دیکھا کہ نکسن صاحب۔۔۔۔۔۔ کالاشہ پڑا ہے اور کسی ظریف نے ایک بسکٹ بھی اس کے منھ کے پاس رکھ دیا ہے۔ غرض یہ تمام حالات (عبرت کی آنکھوں سے) دیکھتا ہوا حقیر غریب خانہ آیا اور ہر دم چاروں طرف سے آواز بندوق کی چلی آئی تھی کہ بعد تین بجے کے ایک آواز توپ کی آئی۔۔۔ حقیر (فوراً حال معلوم کر کے) کوٹھی گیا کہ پر دفعتاً ایک زلزلۂ عظیم (بڑے زبردست دھماکہ کی آواز کے ساتھ) ہوا کہ میں نے جانا کہ حضرت اسرافیل نے صور پھونک دیا۔ غرض دیکھا تو معلوم ہوا کہ میگزین اڑ گیا۔۔

24 مئی

خاص شہر دہلی

اب رعایا لوٹ مار (کی وجہ سے) بہت تنگ و حیران ہے۔۔۔ کیا شہری خود اور کیا باہر والے بیشتر لوٹ مار کرتے ہیں۔ اور تھانوں کی (طاقت پہلے کے مقابلے میں دسواں حصّہ) بھی نہیں رہی۔ ان کی مدد کے لیے سپاہ ضرور ہے۔۔۔۔۔ ایک (درخواست) حضور میں (دی گئی) کہ سپاہی شکلیں شہر کی رعیت کو لوٹتے ہیں حضور سے کوتوال شہر کو حکم ہوا کہ گرفتار کیا جائے۔۔۔۔۔ اللہ تعالیٰ سے رحم اور فضل اور امن و امان کی دعا لازم ہے۔۔۔۔۔ سنا گیا کہ بربادی رعایا اور (فسادیوں کی) زیادتی اور بے انتظامیِ شہر (کی) اور مظلومی (شہر والوں) کی سن کر حضرت حضور اقدس ظلِّ سُبحانی نے ایک تحریر (اس مضمون کی) جاری کی۔ (پہلے انگریز اپنی مرضی کے مطابق جو حکم چاہتے تھے جاری کرتے تھے اور رعایا پریشان حال اور حیران رہتی تھی۔ اب تم لوگ انھیں ستاتے ہو اور لوٹتے ہو۔ اگر ایسا ہی تمہارا حال ہے تو خیر اس آخری وقت میں مابدولت کو کچھ ملک و مال سے غرض نہیں۔ خواجہ صاحب (کی طرف چلے جائیں گے)۔۔۔۔۔ اور یا بہ طرفِ

کعبتہ اللہ ہجرت فرماویں گے کہ باقی عمر۔۔۔۔ یادِ الہٰی میں بسر ہو جائے۔سنا گیا کہ یہ تحریر جو پڑھی گئی تمام (سننے والے) اس تحریر پُر اثر کو سن کر (رونے لگے) خدائے مسبب الاسباب کچھ ایسی صورت کر دے کہ شہر کی (بے انتظامی دور) کر دے تاکہ خلق اللہ کو بھی امن ہو جاوے اور ہمارے حضور اقدس ظل سُبحانی خلد اللہ ملکہ، وسلطانہٗ (کے دل کی پریشانی) دور ہو جاوے۔۔۔۔۔۔

فروختِ اجناس بازارہائے شہر

(شہر کے بازاروں میں سامان کی بکری)

۔۔۔۔۔ دکان دارانِ شہر نے بڑی ظلم و زیادتی کر رکھی ہے۔اکثر (چیزیں) بالکل ملتی ہی نہیں اور جو ملتی ہیں تو بہت گراں اور مہنگی۔ ہر ایک بازار میں گنتی کی دکانیں کھلی دکھائی دیتی ہیں اور جو دکان کھلی ہوتی ہے اس پر (ضرورت مند خریداروں) کی یہ حالت کہ گویا (ایک انار اور سو بیمار) اسی نسبت سے جنس بہت ناقص اور مال خراب ہے مگر پیٹ ظالم ہے اور ضرورت خراب کرتی ہے۔ لاچار لوگ لے جاتے ہیں اور جو کچھ ہاتھ لگتا ہے اسے غنیمت جانتے ہیں۔

(اس کے علاوہ ایک ضروری بات جس کی طرف انتظام کرنے والوں کی توجہ دلانی ضروری ہے) کہ جس سے رعایا کو بہت تکلیف ہے یعنی سقوں نے پانی بھرنا چھوڑ دیا ہے۔ جو حیثیت والے لوگ ہیں۔ ان کے نوکر موجود ہیں۔ شرفا بیچارے ٹھلیاں کندھوں پر لیے پانی بھرتے پھرتے ہیں (جب ضروری اور) کام کھانے پکانے کے جاری ہوتے ہیں۔

صادق الاخبار، جس کا ذکر پہلے آچکا ہے، بغاوت کے دنوں میں اس کی ایک ایک لائن ہندوستانیوں کی ہمت بندھانے اور جوش دلانے کے لیے وقف کر دی گئی تھی۔ چنانچہ اس کی ایک خبر جس میں ہندوستانی باغیوں کو یقین دلایا گیا ہے کہ جموں کشمیر

کا راجہ بادشاہ کو فوجی مدد بھیجنے والا ہے، نیچے دی جا رہی ہے۔

(1) پنجاب کے آنے والے بیان کرتے ہیں کہ راجہ گلاب سنگھ والی جموں کشمیر صبح و شام میں دہلی کو روانہ ہوا۔ کیونکہ کچھ عرصہ ہوا جو ایک عرضی راجہ موصوف کی بہ امید آستانہ بوسی دربارِ شاہی میں آچکی ہے اور یہ شخص بدل چاہتا ہے کہ عمل داری انگریز کی بدل جائے۔۔۔۔۔۔۔۔۔

20 ستمبر 1857 کو یعنی چار مہینے دو دن بعد دہلی میں یہ بغاوت کچل دی گئی اور ہندوستان کی آزادی کا یہ خواب بیچ ہی میں ٹوٹ گیا۔ لاہور کے اخبار کوہِ نور نے ۔جس میں چھپی تار کے سلسلے میں ایک خبر پہلے بھی دی جا چکی ہے، اپنے ایک خاص پرچہ میں جو مژدۂ فتح دہلی (دہلی کی فتح کی خوش خبری) کے نام سے بالکل الگ چھاپا گیا تھا شائع کی تھی۔ یہ خبر 21 ستمبر کو اس طرح دی گئی تھی۔۔۔۔۔۔۔

(2) مژدۂ فتح دہلی

صاحب ایجو ٹنٹ (ایڈ جو ٹنٹ) جنرل فوجِ ظفر موج دہلی نے کل کی تاریخ 9 بجے صبح بذریعہ تار برقی اول مرتبہ تو یہ تحریر فرمایا کہ مورچہ بری پر دلیرانِ انگریزی نے کل شام کو حملہ کر کے چھ توپ اور بم بلا کسی نقصان کے اپنے قبضے میں کر لیں۔ اور آج صبح لاہوری دروازہ قبضہ میں آگیا۔ اجمیری دروازہ اور مور چال بیرونی سے اب گولہ نہیں چلتا۔ مفسدین (فسادی) اب جملہ مقامات کو چھوڑ کر بھاگ گئے ہیں۔۔۔ آمد و رفت ہماری آج چاندنی چوک میں جاری ہو جائے گی۔۔۔۔ شاہ دہلی اور اس کے خاندان کا کچھ پتہ نہیں ہے۔۔۔۔

پھر دس بجے صبح صاحب موصوف نے یہ خبر بھیجی کہ اجمیری دروازہ اور دیگر مور چال پر قبضہ ہو گیا۔ دوپہر کو لال محل (لال قلعہ) جامع مسجد اور اجمیری دروازہ پر سرکاری

تسلط ہو گیا۔۔۔۔۔ پھر پانچ بجے شام کو یہ خوش خبری آئی کہ معرکۂ دہلی تمام ہوا۔ سنا جاتا ہے کہ شاہ دہلی مع عیال و اطفال کے ایک گاؤں میں جو شہر سے قطب صاحب کی سمت چار میل کے فاصلے پر ہے چلے گئے ہیں۔۔۔۔۔۔۔۔

تو یہ تھی ایسٹ انڈیا کمپنی کی حکومت کے خلاف بغاوت -چار مہینے دو دن کے لیے دہلی اور اس کے آس پاس کے بہت سے علاقوں میں انگریزی حکومت ختم بھی ہوئی، بوڑھے بہادر شاہ ظفر ایک بار پھر دہلی کے بادشاہ کہلانے لگے۔ مگر یہ بادشاہت اور یہ فتح چند دن کی ہی تھی۔ بغاوت ناکام ہوئی۔ بادشاہ گرفتار ہوئے، ان پر مقدمہ چلا اور انھیں رنگون بھیج دیا گیا۔ وہیں مغلیہ سلطنت کے اس آخری بادشاہ کا انتقال ہوا اور انہی کا یہ شعر ااپنے حق میں سچا ثابت ہوا۔

کتنا ہے بدنصیب ظفرؔ دفن کے لیے
دو گز زمین بھی نہ ملی کوئے یار میں

اس کے ساتھ ہی پورے شمالی ہندوستان میں گرفتاریوں، سزاؤں اور پھانسیوں کی باڑھ سی آگئی۔

اس بغاوت کی کہانی خود ایک الگ اور بہت دلچسپ کہانی ہے۔ دل ہلا دینے والی داستان، جس میں بہادروں کی قربانیوں کو سن کر کبھی جوش سے رگوں میں خون بہت تیزی سے دوڑتا ہوا محسوس ہونے لگتا ہے اور اور کبھی ان مَن چلوں نے جو ظلم و ستم سہے انھیں یاد کر کے آنکھوں میں آنسو آجاتے ہیں۔ مگر ظاہر ہے اس وقت ہم یہ کہانی نہیں دہرا سکتے۔ پھر بھی ابھی تم نے مولوی باقر صاحب کا بیان پڑھا ہے۔ اس لیے ان کا انجام بتا دینا غلط نہ ہو گا۔ جیسے ہی دہلی پر انگریزوں کا دوبارہ قبضہ ہوا، مولوی محمد باقر صاحب کو گرفتار کر لیا گیا اور جلد ہی انھیں دہلی دروازہ کے باہر پھانسی پر لٹکا دیا گیا۔ اس طرح یہ

ہندوستان کی اخباروں کی تاریخ میں پہلے شہید تھے۔ ویسے اکیلے یہ ایسے صحافی نہیں تھے جنھیں سزا ملی تھی۔ دوسرے بہت سے اخباروں کے ایڈیٹروں اور مالکوں کو طرح طرح کی سزائیں دی گئیں۔ صادق الاخبار کے جمیل الدین ہجرؔ صاحب کی سزا کو بھی تم پہلے سن چکے ہو۔ اور اخبار والوں کو ہی کیا، شمالی ہندوستان میں سیکڑوں بلکہ ہزاروں شہریوں کو پھانسی پر لٹکا دیا گیا۔ لمبی لمبی سزائیں دی گئیں۔ اور فوجی باغیوں کا انجام تو تم خود ہی سوچ سکتے ہو۔

بغاوت کے بعد

بغاوت کے بعد لارڈ کیننگؔ نے ہندوستان کے سارے اخباروں پر ایک بار پھر سخت پابندی لگا دی۔ اخباروں کے لیے لائسنس، سینسر، بڑی بڑی ضمانتیں، غرض سب کچھ ایک بار پھر ضروری ہو گیا۔ نتیجہ ظاہر ہے۔ ہندوستانی اخباروں کا وہ پودا جس کی جڑیں ابھی تھوڑی سی ہی جمی تھیں، وہ ایک دم ٹھٹھر کر رہ گیا۔ بہت سے اخبار بند ہو گئے اور جو بچے بھی وہ انگریزی حکومت کے گُن گانے کے لیے۔

پہلی نومبر 1857 کو ہندوستان کی حکومت ایسٹ انڈیا کمپنی کے ہاتھوں سے لے لی گئی اور برطانیہ کی ملکہ وکٹوریہ ہندوستان کے لیے بھی شہنشاہِ اعظم قیصرِ ہند ہو گئیں۔ وہی لارڈ کیننگ جو بغاوت سے پہلے گورنر جنرل تھے، اب ہندوستان کے پہلے وائسرائے مقرر کر دیے گئے۔

اس بغاوت کے بعد کچھ دنوں تک تو شمالی ہندوستان کی اخباری دنیا میں کچھ سنّاٹا سا رہا۔ مگر ایسا نھیں ہوا کہ ہندوستانی اخبار بالکل ہی بند ہو گئے ہوں۔ اگر سچی بات کہی جائے تو 1857 کی بغاوت اور اس کی ناکامی ملک اور قوم کے لیے ایک نعمت ثابت ہوئی۔ اس نے ہندوستانیوں کو جھنجھوڑ سا دیا۔ پڑھے لکھے لوگوں کے دلوں میں تو ملک اور ملک کے

عوام کا انتہائی پچھڑا پن بہت سختی سے کھٹکنے لگا۔ لوگوں نے انگریزی پڑھنی شروع کی، چونکہ اب وہ سرکاری زبان تھی اور اسے سیکھے بغیر کوئی نوکری حاصل کرنا یا کوئی بڑا کاروبار کرنا کچھ بھی ممکن نہیں تھا۔ پھر کچھ لوگ اس لیے بھی اب انگریزی پڑھنے لگے تھے کہ انگریزی پڑھے لوگوں کو کچھ عزت کی نگاہ سے دیکھا جانے لگا تھا کچھ بھی ہو، انگریزی تعلیم کا چرچا بڑھ رہا تھا۔

انہی انگریزی پڑھے لکھے لوگوں میں سے کچھ لوگ اونچی تعلیم حاصل کرنے انگلستان بھی جانے لگے۔ ان لوگوں نے برطانیہ اور یوروپ کے دوسرے ملکوں کی حکومتوں اور وہاں عام آدمی کی آزادی کو دیکھا۔ اس کے مقابلے میں ملک کی غلامی اور عام آدمی کا پچھڑا پن ان کے دل میں بری طرح کھٹکنے لگا۔

چونکہ انگلستان میں اب بہت اچھے اخبار نکل رہے تھے اس لیے خود انگریزی حکومت کے لیے بھی یہ بات ممکن نہیں تھی کہ وہ ہندوستانی اخباروں کو بالکل ہی ختم کر دے۔ چنانچہ اُنیسویں صدی کے آخری برسوں تک ہندوستان کی لگ بھگ ساری زبانوں میں بہت سے اخبار اور رسالے پھر نکلنے شروع ہو گئے۔

نئے دور کے اخبار۔۔ جنگِ آزادی

ہندوستان میں انگریزی اخبار دوسری زبانوں کے اخباروں کے مقابلے میں پہلے سے ہی کافی مضبوط تھے اور بغاوت کا اثر ان پر بہت زیادہ بُرا بھی نہیں پڑا تھا۔ کچھ اخباروں کے ایڈیٹر یا مالک تو انگریز ہی تھے، لیکن کچھ اخبار ہندوستانیوں کے بھی تھے جو عوام کی باتیں بھی اپنے اخبار کے ذریعے پیش کر دیتے تھے۔ اگر ان تمام اخباروں کے صرف نام ہی گنائے جائیں جو ہمارے ملک میں انیسویں اور بیسویں صدی میں نکلے تھے تو وہ اس کتاب سے کئی گنا موٹی کتاب میں آئیں گے۔ لیکن ملک کے کچھ ایسے بڑے بڑے اخباروں کے

نام اور ان کے متعلق تھوڑا بہت ضرور بتایا جا سکتا ہے جو آج بھی موجود ہیں۔

انگریزی کا ایک اخبار ٹائمس آف انڈیا(Times of India)جو آج کل دہلی، بمبئی اور احمد آباد سے نکلتا ہے، آج کل کے انگریزی اخباروں میں سب سے زیادہ عمر کا اخبار ہے۔ یہ نومبر 1883 میں بامبے ٹائمس (Bombay Times)کے نام سے ہفتے میں دوبار نکلنا شروع ہوا تھا۔ پھر کوئی بیس اکیس سال بعد بمبئی کے چار اخبار جن میں بامبے ٹائمس بھی تھا، ایک دوسرے میں مل گئے اور ایک روزانہ اخبار ٹائمس آف انڈیا کے نام سے نکلنا شروع ہوا۔ اس طرح اس کی عمر اب ایک سو پینتالیس سال ہو چکی ہے۔ 1984 میں بمبئی، احمد آباد اور دہلی میں اس کی کوئی چار لاکھ پچھتر ہزار (4,75,000) کاپیاں روزانہ بکتی تھیں۔

بغاوت کے دو تین سال بعد کلکتے سے ایک اخبار اسٹیٹس مین(Statesman)نکلنا شروع ہوا، کچھ ہی دن بعد اس میں کلکتے کے دو اخبار انگلش مین(English Man)اور فرینڈ آف انڈیا اور مل گئے۔ یہ روزانہ اخبار آج بھی کلکتے اور دہلی سے نکلتا ہے اور اس کی کوئی دو لاکھ پینتیس ہزار(2,35,000) کاپیاں بکتی ہیں۔ لگ بھگ اسی زمانے میں ایک اخبار الہ آباد سے پوانیئر (Pioneer) نکالا گیا تھا، جو ابھی تک نکل رہا ہے۔

1868 میں بنگال کے ایک چھوٹے سے گاؤں امرت بازار سے ایک اخبار امرت بازار پتریکا نکلنا شروع ہوا تھا۔ اس کے پہلے مالک اور ایڈیٹر سیسر کمار گھوش کچھ عجیب ہمت والے آدمی تھے۔ انھوں نے ایک پرانی ہاتھ سے چلنے والی مشین پر اس اخبار کو پہلے بنگالی میں ہفتہ وار نکالنا شروع کیا تھا۔ اگلے ہی سال سے اس میں بنگالی کے ساتھ کچھ کالم انگریزی میں بھی چھپنے شروع ہو گئے۔ دو تین سال بعد یہ اخبار کلکتے سے نکلنے لگا اور بنگال کے مشہور اخباروں میں گنا جانے لگا جو دو زبانوں میں چھپتا تھا۔ پھر کچھ اور بعد میں یہ اخبار

صرف انگریزی کا ہو گیا اور 1891 سے روزانہ چھپنے لگا۔ آج کل یہ بنگال کے مشہور اخباروں میں گنا جاتا ہے اور کلکتے سے اس کی کوئی ایک لاکھ چالیس ہزار (1,40,000) سے زیادہ کاپیاں چھپتی ہیں۔

مدراس سے کوئی سو سال پہلے ہندو نام کا ایک ہفتہ وار انگریزی اخبار نکلنا شروع ہوا۔ سال بھر بعد ہی یہ ہفتے میں تین بار چھپنے لگا۔ اور عمر کے پہلے دس سال پورے کرنے کے بعد یہ روزانہ اخبار ہو گیا۔ آج کل یہ جنوبی ہند کا سب سے مشہور اخبار مانا جاتا ہے۔ اور مدراس کوئمبٹور، بنگلور، حیدرآباد اور مدورائی سے اس کی کوئی ساڑھے تین لاکھ (3,50,000) کاپیاں چھپتی ہیں۔

1881 میں لاہور سے ایک اخبار ٹریبیون (Tribune) جاری کیا گیا۔ یہ آج بھی پنجاب کا مشہور اخبار ہے۔ چنڈی گڑھ سے اس کی ایک لاکھ ساٹھ ہزار (1,60,000) سے زیادہ کاپیاں روزانہ چھپتی ہیں۔ مدراس سے ایک ہفتہ وار اخبار ہندوستان اسٹینڈرڈ (Hindustan Standard) نکلنا شروع ہوا تھا۔ کچھ ہی دن بعد یہ ہفتے میں تین بار چھپنا شروع ہوا اور لگ بھگ دس سال بعد روزانہ اخبار ہو گیا۔ یہ بھی جنوبی ہندوستان کا ایک مشہور اخبار ہے۔

ایک اور اخبار جو شمالی ہندوستان میں کافی مشہور ہے۔ ہندوستان ٹائمس (Hindustan Times) ہے۔ یہ اخبار 1923 نکلنا شروع ہوا تھا۔ 1984 میں اس کی بھی لگ بھگ ڈھائی لاکھ (2,50,000) سے زیادہ کاپیاں دہلی سے چھپتی تھیں۔ ایک اور اخبار انڈین ایکس پریس (Indian Express) اس لحاظ سے اہم ہے کہ یہ ہندوستان میں ایک ساتھ دس شہروں سے چھپتا ہے۔ 1984 میں اس کی سب ملا کر لگ بھگ ساڑھے چھ لاکھ (6,50,000) کے قریب کاپیاں چھپتی تھیں۔

1938 میں جواہر لال نہرو کی کوششوں سے ایک اخبار نیشنل ہیر الڈ (National Herald) لکھنؤ سے نکلنا شروع ہوا تھا۔ جو اب بھی دہلی اور لکھنؤ سے نکلتا ہے۔

اگر ہندوستان کی مختلف زبانوں کے بہت مشہور اخباروں کے نام جاننا چاہتے ہو تو انھیں ضمیمہ 3 میں دیکھ سکتے ہو۔

یہ تو انگریزی اور کچھ دوسری زبانوں کے ان خاص خاص اخباروں کے نام تھے جو ابھی تک زندہ ہیں اور لوگوں کے ہاتھوں میں آج بھی پہنچ جاتے ہیں مگر ہندوستان کے اخباروں کی کہانی میں کچھ ایسے اخباروں کے نام بھی آتے ہیں جو حالانکہ اب تو بند ہو چکے ہیں یا اتنے مشہور نہیں رہے، مگر ان کا ذکر کیے بغیر یہ کہانی پوری نہیں کہی جاسکتی۔ یہ اس لیے کہ انھوں نے اس وقت اپنا اہم کام انجام دیا جس وقت شاید ہمارے ملک اور عوام کو اخباروں کی سب سے زیادہ ضرورت تھی۔ ملک کی جنگ آزادی کے زمانے میں یہی اخبار تھے جو ہمارے عوام کے دلوں میں آزادی کی لگن اور جوش پیدا کر رہے تھے اور آزادی حاصل کر لینے کی مشعل کو ہمارے دلوں میں روشن رکھے ہوئے تھے۔ ان کے ایڈیٹروں کو سزائیں ہوئیں، ان میں لکھنے والے قید ہوتے، ان پر بڑے بڑے جرمانے ہوتے، ضمانتیں ضبط ہوتیں اور زبردستی اخباروں کو بند کر دیا جاتا۔ مگر وہ مشعل جلتی رہتی۔ ایک اخبار بند ہوتا تو دو اور نکل آتے۔

ظاہر ہے کہ ہم ان سارے اخباروں کے نام بھی نہیں گنا سکتے مگر کچھ اخباروں کو ضرور یاد کریں گے جو ملک کے مختلف حصوں اور مختلف زبانوں میں یہ کام انجام دے رہے تھے۔

ایک انگریز تھے جن کا نام تھا، ایلین اوکٹاوین ہوم (Allen Octavian Home) ہندوستان اور ہندوستانیوں کی پچھڑی ہوئی حالت ان کے دل میں بہت کھٹکتی

تھی۔ ان کے کچھ اور انگریز دوست بھی تھے جو کچھ انہی کی طرح سوچتے تھے۔ دوسری طرف ملک کے مختلف حصوں میں چھوٹی بڑی تنظیمیں الگ الگ لوگوں کی بھلائی کے کاموں میں لگی ہوئی تھیں۔ کچھ لوگ اخبار بھی نکال رہے تھے اور مستقل لکھتے بھی رہتے تھے۔ دادا بھائی نوروجی کا گجراتی راست گفتار مراٹھی کے اخبار مراٹھا لوکمانیہ تلک کا کیسری وغیرہ نکل رہے تھے۔ ادھر بنگال تو شروع سے ہی اخباروں کے معاملے میں سب سے آگے تھا۔ ساتھ ہی ساتھ ملک کے دوسرے حصوں سے بھی بہت سے اخبار نکل رہے تھے۔ چنانچہ ہیوم صاحب نے سوچا کہ ان لوگوں کی ایک انجمن یا کانگریس قائم کی جائے اس کا نام رکھا گیا۔ انڈین نیشنل کانگریس اس کا پہلا اجلاس بمبئی میں 1885 میں ہوا۔ یہ وہی کانگریس ہے جس کے جھنڈے کے نیچے ملک نے انگریزی حکومت سے جنگ لڑی اور آزادی حاصل کی۔ کانگریس کے اس پہلے اجلاس میں شریک ہونے والے زیادہ تر لوگ ملک کے اخباروں سے ہی تعلق رکھتے تھے۔

اور پھر اس کے بعد تو جیسے ملک کے کونے کونے میں اخباروں کا ایک سیلاب سا آگیا۔ ہوا یہ کہ ہماری آزادی کی جنگ میں اور اخباروں میں ایک ایسا رشتہ سا قایم ہو گیا کہ یہ دونوں ایک دوسرے کے سہارے سے آگے بڑھنے لگے۔ یہ کہنا بھی غلط نہیں ہو گا کہ ہمارے ملک کے عام آدمی کے ہاتھوں میں اخبار انہی نّوے سال کے عرصے میں آیا۔ بڑے بڑے لیڈروں اور سماجی بھلائی کا کام کرنے والوں کے ساتھ اخباروں نے عام ہندوستانیوں کو بھی اس جنگ کے لیے تیار کیا۔ ان میں ملک کے جن انگریزی اخباروں کا نام خاص طور پر لیا جاتا ہے وہ ہیں الٰہ آباد کا پائینیر۔ الٰہ آباد سے ہی مدن موہن مالویہ جی کا شروع کیا ہوا لیڈر، پنجاب کا ٹریبیون، آندھرا کا سوراجیہ، مولانا محمد علی جوہر کا کامریڈ، جواہر لال نہرو کا نیشنل ہیرالڈ، گاندھی جی کا ہریجن اور ینگ انڈیا وغیرہ وغیرہ۔

بغاوت کے بعد اردو اخبار

1857 کی بغاوت کے بعد کچھ دن تو اردو اخباروں پر ذرا خراب گزرے۔ مگر پھر جلد ہی ان میں ایک نئی زندگی پیدا ہو گئی۔ شروع میں تو ان کا انداز کچھ بدلا بدلا سا رہا۔ خاص طور پر سیاسی باتیں لکھنے سے یہ بچتے تھے۔ سیاست کے بدلے ان میں علمی مضامین، تاریخی مضامین، سائنسی معلومات اور یوروپ کی تہذیب اور رہن سہن کی جھلکیاں نظر آئیں۔ اس زمانے میں نکلنے والے کچھ بہت خاص اخباروں اور ان کے نکالنے والوں کے متعلق بھی تمھیں تھوڑا سا بتا دینا ضروری ہے۔

لکھنؤ میں ایک بزرگ تھے منشی نول کشور صاحب۔ اردو کی کتابیں چھاپنے کے سلسلے میں شاید ان سے زیادہ کسی نے کام انجام نہیں دیا۔ اردو چھپائی کی ترقی کا انھیں ایسا شوق تھا کہ انھوں نے لکھنؤ میں کاغذ بنانے کا ایک کارخانہ بھی قائم کیا تھا جہاں بہت اچھا کاغذ بنتا تھا۔

منشی نول کشور

(خدا بخش اورینٹل پبلک لائبریری کے شکریہ کے ساتھ)

منشی نول کشور صاحب نے 1858 میں اودھ اخبار کے نام سے ایک اخبار شروع کیا۔ پہلے یہ ہفتہ واری تھا، پھر تین روزہ ہوا اور 1877 سے روزانہ چھپنے لگا۔ اپنے زمانے میں یہ اردو کا بہت بڑا اخبار تھا۔ اس کے کاروبار کی باقاعدگی کا اندازہ آپ اس سے کر سکتے ہیں کہ انگریزی اخباروں کو چھوڑ کر یہ پہلا ایسا اخبار تھا جس کے رپورٹر مختلف صوبوں کی راجدھانیوں میں مقرر تھے اور کہا جاتا تھا کہ ہندوستان کی مختلف راجدھانیوں میں یا حکومت کے نمائندے رہتے ہیں یا منشی نول کشور کے۔

جس طرح انگلستان میں اٹھارہویں اور انیسویں صدی کے بہترین ادیب، شاعر،

مضمون نگار اور پڑھے لکھے لوگ اچھے اخباروں میں کام کرتے تھے، ہندوستان میں بھی اس اخبار نے ملک کے بہترین بڑے بڑے لکھنے والوں اور بہت سے ادیبوں اور شاعروں کو اپنی طرف کھینچ رکھا تھا۔ اس اخبار میں لکھنے والوں میں اور بہت سے شاعروں اور ادیبوں کے ساتھ عبد الحلیم شرؔر، پنڈت رتن ناتھ سرشارؔ، شیو پرشاد، یگانہ چنگیزی، شوکت تھانوی وغیرہ بھی تھے۔ ان میں سے پنڈت سرشارؔ اور یگانہ چنگیزی تو اس کے ایڈیٹر بھی رہے۔

ایک اور بڑا اخبار لکھنؤ سے ہی جنوری 1877 میں اودھ پنچ نام سے نکلنا شروع ہوا۔ اس کے مالک ایک بہت دلچسپ انسان منشی سجاد حسین صاحب تھے۔ اودھ پنچ، ایک ہفتہ واری اخبار تھا۔ اس اخبار کی خصوصیت تھی اس کا مزاحیہ کردار، جسے یہ اپنی زندگی کے پینتیس (35) سال میں نبھاتا رہا۔ اس میں سیاسی مضمون بھی مزاحیہ انداز میں ہوتے تھے اور مخالفت بھی طنز و مزاح سے بھری ہوتی تھی۔ مگر ساتھ ہی ساتھ یہ عوام کی تکلیفوں کو ظاہر کرنے میں بھی نہیں چوکتا تھا۔

1877 میں آمدنی ٹیکس شروع کیا جارہا تھا اور عوام میں اس کی بڑی مخالفت ہو رہی تھی۔ چنانچہ اس سلسلے میں تمام اخباروں میں اور خود اودھ پنچ میں مضمون تو چھپ ہی رہے تھے۔ 29 مئی 1877 کے پرچے میں ایک دلچسپ نظم بھی چھپی تھی۔ اس کے کچھ شعر یہ تھے[1]

کہتے ہیں جسے ٹیکس وہ ہے قہر الٰہی
دیکھیں کہ ہمیں ہوتی ہے کب اس سے رہائی
روٹی ہی نہیں صبح سے تا شام میسّر
اس حال میں ہو ٹیکس کی کس طرح سمائی

اُلٹی یہ بنالیتا ہے عالم کی حجامت

ہے ٹیکس بھی شاید کوئی اللہ کا نائی

بربادی کے آثار خرابی کی علامت

اس ٹیکس میں ہر شخص کو دیتے ہیں دکھائی

کھٹکا ہے کہیں شعر پہ بھی ٹیکس نہ لگ جائے

خاموش ہو اصغر کہ اسی میں ہے بھلائی

شہر اور شہر والوں کی پریشانیوں کو بھی یہ اخبار بڑے دلچسپ انداز سے لکھتا تھا۔ ذرا ایک خبر کا انداز ملاحظہ ہو۔

2ے ایک تو گرانی، دوسرے بنیوں کی یہ مہربانی کہ کم وزن بانٹوں سے تولتے ہیں۔ لکھنؤ کا خدا ہی حافظ ہے۔ اسی جرم میں چہار شنبہ گزشتہ کو عدالت سٹی مجسٹریٹ سے چھ بنیوں کو چھ ہفتے قید کی سزا ملی۔ 5 اکتوبر کو انسپکٹر پولیس فتح گنج بنیوں کے بانٹ جانچ رہے تھے کہ ان لوگوں نے کیا فقرہ چست کیا (افواہ اڑائی) امین آباد لُٹا جاتا ہے۔ بنیوں کا غلّہ لوگ لے جاتے ہیں۔ دوڑیو، دوڑیو اور یہ کہہ کر سب نے دکانیں بند کر لیں کہ بانٹوں کا فریب کھلنے نہ پائے۔ پولیس والے امین آباد کی طرف متوجہ ہوئے جان ان کی بچی ورنہ اس روز خوب قلعی کھُل جاتی۔۔۔۔۔۔

اس اخبار میں بھی ملک کے مشہور لکھنے والے، اور خاص طور پر مزاحیہ لکھنے والے ہمیشہ مضمون اور نظمیں لکھتے رہتے تھے۔ چنانچہ شروع میں پنڈت رتن ناتھ سرشارؔ اس کے ایڈیٹر بھی تھے۔ اکبر الہ آبادی جو اُردو کے مشہور طنز و مزاح نگار شاعر تھے۔ اس میں ہمیشہ اپنا کلام چھپواتے تھے۔ اس اخبار کی دوسرے اخباروں سے اور خاص طور پر منشی نول کشور صاحب کے اودھ اخبار سے بڑے مزے کی نوک جھونک چلتی رہی۔

انیسویں صدی کے آخری حصّے میں ایک اور بہت بڑا اخبار پیسہ اخبار، نظر آتا ہے اس کے مالک اور ایڈیٹر ایک بہت قابل انسان مولوی محبوب عالم صاحب تھے۔ بنگال میں امرت بازار پتریکا کے سیسر کمار گھوش کی طرح محبوب عالم صاحب نے پنجاب کے گوجرا نوالہ شہر سے ایک ہفتہ واری اخبار 1887 میں نکالنا شروع کیا۔ اس کی پہلی چھپائی صرف سو(100) کاپیوں کی تھی۔ مگر ان کی ہمت، قابلیت اور انتظام کی وجہ سے اس اخبار نے بہت تیزی سے ترقی کی۔ کچھ سال بعد محبوب عالم کی انتھک محنت کے مقابلے میں گوجرا نوالہ شہر پیسہ اخبار کے لیے چھوٹا نظر آنے لگا۔ چنانچہ انھوں نے اخبار کو لاہور سے نکلنا شروع کیا۔ دس بارہ سال بعد ہی یہ روزانہ اخبار ہو گیا اور اس کی اشاعت دس ہزار سے بھی زیادہ ہو گئی۔

اس اخبار میں ایک خاص بات یہ تھی کہ اس اخبار کو بالکل صحیح صحیح اصولوں پر نکالنے کی کوشش کی گئی تھی یعنی خبریں زیادہ سے زیادہ اور مضمون کم اور شعر و شاعری لگ بھگ نہ ہونے کے برابر۔ چونکہ یہ اخبار خالص تجارتی اصولوں پر چلتا تھا اس لیے اس میں اشتہاروں کو بھی کافی جگہ دی جاتی تھی۔ مگر اپنے وقت کی سیاست اور روز مرّہ واقعات کی طرف سے بھی اس کی آنکھیں بند نہیں تھیں حکومت کے کاموں پر بے لاگ نکتہ چینی اور عوام کی تکلیفوں کی شکایت کو حکومت تک پہنچانے کا کام یہ اپنا پہلا فرض سمجھتا تھا۔

مولوی محبوب عالم صاحب۔۔ ایڈیٹر پیسہ اخبار

(خدا بخش اورینٹل پبلک لائبریری پٹنہ کے شکریہ کے ساتھ)

پیسہ اخبار کے ایڈیٹر محبوب عالم صاحب اور اودھ اخبار کے مالک منشی نول کشور ایڈیٹر صاحب کو اردو اخباری دنیا میں لگ بھگ وہی جگہ حاصل ہے جو انگلستان میں ولیم واکٹر اور ہار مس ورتھ کو حاصل تھی جن کے متعلق تم پہلے کافی سن چکے ہو۔

محبوب عالم صاحب نے ان گنت اخبار اور رسالے نکالے جن میں کچھ عورتوں اور بچوں کے لیے بھی تھے۔ انھوں نے مئی 1902 میں ایک ماہانہ رسالہ بچوں کا اخبار نام سے نکالا تھا جس کے یہ خود ہی ایڈیٹر تھے۔ اس کے لیے انھوں نے ایک اشتہار میں لکھا تھا۔

انگلستان اور امریکہ میں کم از کم ایک سو اخبار بچوں کی تعلیم و تربیت کے متعلق شائع ہوتے ہوں گے مگر اردو زبان میں تمام ہندوستان میں ایک اخبار یا رسالہ بھی شائع نہیں ہوتا۔ اس کمی کو پورا کرنے کے لیے بچوں کا اخبار بڑی آب و تاب کے ساتھ کارخانہ پیسہ اخبار سے ماہوار شائع ہونا شروع ہوا ہے۔

یہ رسالہ لگ بھگ دس سال تک نکلتا رہا۔

محبوب عالم صاحب سات زبانیں۔ اردو، فارسی، عربی، انگریزی، فرانسیسی، ترکی اور روسی جانتے تھے۔ انھوں نے اپنی پوری زندگی اخباروں کی ترقی کے لیے وقف کر دی تھی۔ ان کا انتقال 1933 میں ہوا۔

سرسید احمد خاں نے بغاوت کے بعد 1870 میں ایک رسالہ تہذیب الاخلاق نکالنا شروع کیا۔ اس رسالے کے ذریعے انھوں نے مسلمانوں میں نئی انگریزی تعلیم حاصل کرنے کا شوق پیدا کیا اور ان میں سماج سدھار کا کام بھی کیا۔

اب اردو اخباروں کے اور رسالوں کے تین چار بڑے مرکز بن گئے تھے۔ دہلی، لاہور، لکھنؤ، میرٹھ وغیرہ۔ لیکن ملک کے لگ بھگ تمام حصوں سے اردو اخبار اور رسالے نکل رہے تھے۔ ادھر زبان بھی اب اور صاف ہوتی جا رہی تھی۔ مثال کے طور پر اودھ اخبار میں 4 اپریل 1875 کو چھپی ایک ایسی خبر دیکھو جیسی تم نے کچھ پہلے جنوری 1852 میں آفتاب ہند میں چھپی ہوئی پڑھی تھی اور دیکھو کہ لگ بھگ پچیس 25 سال میں زبان کتنی صاف ہو گئی ہے۔

1۔ مسٹر کراسٹن کے ہاتھ سے ایک ہندوستانی مار اگیا۔ اس پر تھوڑا سا جرمانہ ہوا اور صاحب بہادر صاف چھوٹ گئے۔ اول تو ہندوستانی کی جان ہی کی کیا قدر، دوسرے ایسے شخص کی جان جس کو مرضِ طحال (تلّی کی بیماری) ہو۔ اور ذرا سا گھونسا مار دینے سے دم نکل جائے۔ اب تو ہندوستانی ایسے سخت جان ہونے چاہئیں کہ سو سو گھونسے لگیں اور جان نہ نکلے۔ اس واقعے میں اس شخص کی جان کو قصور تھا جو ذرا سی ٹھیس سے نکل گئی صاحب کا کیا قصور تھا؟

لوگوں میں اخبار رسالے پڑھنے کا شوق بھی بڑھ رہا تھا، اس کا اندازہ اس سے ہوتا ہے کہ بیسویں صدی کے شروع کے برسوں میں اردو کے لگ بھگ سترّ (70) بہت مشہور اخبار اور جانے پہچانے رسالے اور تین روزانہ اخبار لوگوں کے ہاتھوں میں آتے تھے۔

اردو کے باغی اخبار

انگریزی حکومت سے بغاوت اخباروں کے لیے کوئی نئی بات نہیں تھی۔ بنگال کے زیادہ تر اخبار انگریزی حکومت کے باغی تھے۔ خود اردو اخباروں میں بھی دہلی اردو اخبار صادق الاخبار اور ان کے ایڈیٹروں کے انجام ہم پہلے ہی لکھ چکے ہیں۔ مگر اب بیسویں صدی میں جنگ کا میدان بہت پھیل گیا تھا۔ ہم اس دور کے کچھ بہت خاص خاص باغی اخباروں اور ان کے نکالنے والوں کے متعلق تھوڑا سا تمھیں بتائیں گے تاکہ تمھیں اندازہ ہو کہ جنگ آزادی میں ہمارے اخباروں نے کتنا حصہ لیا۔

اس زمانے میں ہمیں کئی ایسے باغی لوگ نظر آتے ہیں جنہوں نے تھک کر بیٹھنا سیکھا ہی نہیں تھا۔

ایک بزرگ تھے جن کا نام تھا سید چراغ حسن حسرتؔ موہانی۔ ویسے تو یہ اخباری دنیا سے زیادہ شاعری کی دنیا میں مشہور ہوئے مگر یہ کچھ عجیب باغی دل و دماغ لے کر پیدا

ہوئے تھے۔ 1903 میں بی۔اے۔ کرتے ہی انھوں نے ایک رسالہ نکالنا شروع کیا جس کا نام اردوئے معلیٰ تھا۔ یہ ایک ادبی اور سیاسی رسالہ تھا جس کا پہلا مقصد انگریزی حکومت کی مخالفت اور اس کے ظلم و ستم کے خلاف آواز اٹھانا تھا۔

سید چراغ حسن حسرتؔ موہانی

1908 میں حکومت کے خلاف ایک مضمون کے سلسلے میں حسرتؔ کو دو سال قید کی سزا ہوئی اور پانچ سو روپیہ جرمانہ۔ جرمانہ ادا کرنے کے لیے ان کے پاس پیسے کہاں سے آتے۔ چنانچہ ان کا بہت قیمتی کتب خانہ نیلام کر دیا گیا۔ یہ فقیر اب اور بھی فقیر ہو چکا تھا۔ایک لکڑی کی چھپائی مشین، اور چھاپنے کے پتھر۔یہ تھی پورے پریس کی ملکیت۔ کبھی کبھی حسرتؔ کو خود ہی مزدوروں کی طرح مشین چلانی پڑتی۔اس پر بھی حکومت کو حسرتؔ اور ان کا اردوئے معلّٰی کھٹکتا ہی رہا۔ چنانچہ 1913 میں ان سے تین ہزار روپے ضمانت مانگی گئی۔ اس پر مولانا ابوالکلام آزادؔ نے اپنے اخبار میں لکھا تھا۔

1 پریس اردوئے معلّٰی کا فقیر، بوریا نشین (چٹائی پر بیٹھنے والا) تین ہزار کی جگہ دس دس روپئے کے تین نوٹ ایک وقت نہیں دے سکتا اس لیے اس کا لازمی نتیجہ یہی تھا کہ پریس بند ہو گیا۔

ایک اور انقلابی اور انگریزی حکومت کا مخالف، ہفتہ وار اخبار سوراجیہ نام سے 1907 میں الہ آباد سے نکالا گیا تھا۔اس کے شروع کرنے والے اور سب سے پہلے ایڈیٹر تھے۔بابو شانتی نرائن بھٹنا گر۔ سال بھر بعد ہی باغیانہ مضمون لکھنے کے جرم میں انھیں دو سال کی قید اور پانچ سو روپے جرمانے کی سزا ہوئی۔اس کے بعد آنے والے ایڈیٹر بابو ہری داس کو بھی جلد ہی اسی جرم میں گرفتار کر لیا گیا۔اس کے بعد 1908 میں اس اخبار کے ایڈیٹر کے لیے جو اشتہار دیا گیا،اس سے اس اخبار کی پالیسی کا اچھی طرح اندازہ ہو جاتا

ہے۔

2۔ایک جو کی روٹی اور ایک پیالہ پانی، یہ شرح تنخواہ ہے، جس پر سوراجیہ، الٰہ آباد کے لیے ایک ایڈیٹر مطلوب ہے۔ یہ وہ اخبار ہے جس کے دو ایڈیٹر بغاوت آمیز مضامین کی جھپٹ میں گرفتار ہو چکے ہیں۔ اب تیسرا ایڈیٹر مہیّا کرنے کے لیے اشتہار دیا جاتا ہے۔ اس میں جو شرح تنخواہ ظاہر کی گئی ہے (وہ یہ ہے) کہ ایڈیٹر درکار ہے جو اپنے عیش و آرام پر جیل خانے میں رہ کر جو کی روٹی اور ایک پیالہ پانی کو ترجیح دے۔

اتفاق سے اس اخبار کو اگلے ایڈیٹر نند گوپال صاحب ملے جو پہلے بھی اسی الزام میں پانچ سال جیل میں کاٹ چکے تھے۔ انھیں سوراجیہ میں بھی ایسے مضمون چھاپنے پر دس سال کی سزا ہوئی اور ان سے اگلے ایڈیٹر لدّھارام صاحب کو بھی دس برس کے لیے کالے پانی کی سزا ہوئی۔ آخر یہ اخبار 1910 میں بند ہو گیا۔

لاہور کے مولانا ظفر علی خان صاحب کا نام اخباری دنیا میں بڑی عزت سے لیا جاتا ہے۔ ان کے والد سراج الدین صاحب نے 1909 میں ایک ہفتہ واری اخبار زمین دار نکالنا شروع کیا تھا، جسے بعد میں مولانا ظفر علی خان نے سنبھال لیا۔ اس اخبار سے حکومت نے جتنی ضمانتیں لیں، اور انھیں ضبط کیا، شاید ہی کسی دوسرے اخبار کے حصے میں آئی ہوں۔ مگر یہ سپاہی بھی دس دس ہزار کی ضمانتیں ضبط کرنے کے بعد کسی نہ کسی طرح اپنا اخبار لاہور سے چلاتا رہا اور اس میں باغیانہ مضمون چھپتے رہے۔

ظفر علی خاں

(خدا بخش اورینٹل پبلک لائبریری پٹنہ کے شکریہ کے ساتھ)

اردو اخباری دنیا میں ایک بہت بڑا نام مولانا ابو الکلام آزاد کا بھی ہے۔ وہی مولانا آزاد جو ہماری آزاد حکومت کے پہلے وزیر تعلیم تھے۔ انھوں نے جون 1912 میں کلکتے

سے ایک ہفتہ واری اخبار نکالنا شروع کیا جس کا نام تھا الہلال۔ مولانا آزاد کی طرح ان کا اخبار بھی جتنے دن زندہ رہا انگریزی حکومت کی مخالفت ہی کرتا رہا۔ اس اخبار میں سیاست کے علاوہ ادبی اور سائنسی بحث مباحثے بھی ہوتے تھے۔ یہ اپنے زمانے میں اتنا مقبول اخبار تھا کہ شروع ہونے کے چند ہفتے بعد ہی یہ لگ بھگ گیارہ بارہ ہزار چھپنے لگا تھا۔ مگر مولانا آزاد کے مضمون ظاہر ہے حکومت کو کیسے پسند آتے۔ چنانچہ ان سے دس ہزار روپے کی ضمانت مانگی گئی جو جلد ہی ضبط کرلی گئی اور دوسری اتنی ہی ضمانت طلب کی گئی۔ چنانچہ نومبر 1914 میں مولانا آزاد کو یہ اخبار بند کر دینا پڑا۔

ایسے ہی ایک گرم مزاج سپاہی تھے مولانا محمد علی جوہر 1911 میں مولانا محمد علی نے سب سے پہلے ایک انگریزی اخبار کامریڈ (Comrade) نکالا جو جلدی ہی انگریزی کے اچھے اخباروں میں گنا جانے لگا۔ حالانکہ یہ اخبار انگریزی حکومت کا مخالف تھا اور اس پر اعتراض کرنا اس کی پالیسی میں شامل تھا مگر ہندوستانیوں کے علاوہ خود بہت سے انگریزوں کو بھی یہ بہت پسند تھا۔ 1912 میں یہ اخبار کلکتے سے دہلی چلا آیا۔

1913 سے انھوں نے اردو میں ہمدرد نام کا ہفتہ وار اخبار شروع کیا۔ یہ دونوں اخبار ایک ہی پریس سے چھپتے تھے۔ ایک مضمون پر کامریڈ کی دو ہزار کی ضمانت ضبط کرلی گئی اور دس ہزار روپے کی ضمانت مانگی گئی جس کے ادا نہ کرسکنے کی وجہ سے اسے 1914 میں بند کرنا پڑا۔ پھر 1924 میں اسے دوبارہ شروع کیا گیا۔ اب اس وقت مولانا کانگریس کے صدر بھی تھے۔ پھر بھی وہ اپنے چہیتے اخباروں کے لیے کسی نہ کسی طرح وقت نکال ہی لیتے تھے۔ اپنے اخبار سے محبت اور لگن کا یہ عالم تھا کہ لوگ بتاتے ہیں کہ اپنی والدہ جن سے یہ آخری وقت تک بچوں جیسی محبت کرتے تھے۔ ان کے انتقال پر زار و قطار روتے ہوئے ان کے کفن دفن کا بھی انتظام کر رہے ہیں، اور اسی میں وقت نکال کر

کامریڈ کا آدھا چھپا کاغذ پڑھ کر اس کی غلطیاں بھی ٹھیک کرتے جا رہے ہیں۔ مولانا کی اپنی بیماری اور بے انتہا مصروفیت کی وجہ سے کامریڈ دوسری بار تیرہ مہینے سے زیادہ نہ نکل سکا۔

اردو کا ہمدرد دہلی سے پہلی بار 1913 سے 1915 تک کوئی تین سال نکلتا رہا۔ اور پھر دوبارہ 1924 سے 1929 تک لگ بھگ ساڑھے چار سال تک نکل کر بند ہو گیا۔ مولانا کی ساری زندگی آزادی کے لیے جنگ کرنے میں گزری۔ 1930 میں یہ بے حد خراب صحت کی حالت میں گول میز کانفرنس میں شریک ہونے کے لیے لندن گئے۔ وہیں ان کی زندگی کی آخری تقریر ہوئی جس کے کچھ الفاظ اس طرح تھے۔

1. آج میں جس ایک مقصد کے لیے یہاں آیا ہوں، وہ یہی ہے کہ میں اپنے ملک کو ایسی حالت میں واپس جاؤں کہ آزادی کا پروانہ میرے ہاتھ میں ہو۔ میں ایک غلام ملک میں واپس نہیں جاؤں گا۔ میں ایک غیر ملک میں جب تک وہ آزاد ہے، مرنے کو ترجیح دوں گا۔ اگر آپ مجھے ہندوستان کی آزادی نہیں دیں گے تو پھر آپ کو یہاں مجھے قبر کے لیے جگہ دینی پڑے گی۔

مولانا محمد علی جوہرؔ

چنانچہ یہی ہوا کہ 4 جنوری کو 1931 کو اسی آزاد ملک یعنی انگلستان میں، موت نے ان کی دوسری خواہش

ایک ہندوستانی اخبار کا نام اور اس کے چھپنے کی جگہ کو سن کر تو سچ مچ حیرت ہوتی ہے۔ یہ تھا لندن میں چھپنے والا سوراج جسے بپن چندر پالؔ نے 1910 میں نکالنا شروع کیا تھا۔ یہ ایک ساتھ بنگالی، ہندی اور اردو میں چھپتا تھا۔ بپن چندرؔ پال بنگال کے ایک مشہور انقلابی لیڈر تھے اور وہاں کی اخباری دنیا میں ان کا نام بہت بڑا مانا جاتا تھا۔ ان کا ایک اردو اخبار کلکتے سے بندے ماترم بھی نکلتا تھا۔

ہم نے تمھیں جنگ آزادی کے دور کے بہت ہی خاص خاص اخباروں اور ان کے شروع کرنے والوں کے نام بتائے ہیں۔ جنگ آزادی کے ان سپاہیوں اور ان جیسے ان گنت مجاہدوں کی زندگی کے حالات کو جب بھی تمھیں موقع ملے، ضرور پڑھ لینا۔ ان سے تمھیں اندازہ ہوگا کہ ان لوگوں نے آزادی حاصل کرنے کے لیے کیسی کیسی قربانیاں دی تھیں۔

آج کا دور

اور ہماری صدی کو تو سچ مچ اخباروں کا دور ہی کہا جا سکتا ہے۔ اردو میں آج بھی جو اخبار شمالی ہندوستان میں مشہور ہیں، وہ ہیں۔ پرتاپ، ملاپ، تیج، بندے ماترم، قومی آواز، ویر بھارت، ہند سماچار، الجمیعۃ، وغیرہ۔ یہ سب روزانہ اخبار ہیں۔ ان کے علاوہ کچھ سال پہلے یعنی 1981 میں سب ملا کر ایک سو اٹھائیس (128) روزانہ اردو اخبار ہندوستان کے مختلف علاقوں سے نکلتے تھے جن کی سب ملا کر سات لاکھ چونتیس ہزار (7,34,000) کاپیاں لوگوں کے ہاتھوں میں پہنچتی تھیں۔ روزانہ اخباروں کے علاوہ ایک ہزار ایک سو اکہتر (1,171) ہفتہ وار، پندرہ روزہ اور ماہانہ رسالے اور اخبار نکلتے تھے جن کی پندرہ لاکھ بیس ہزار (15,20,000) سے زیادہ کاپیاں لوگوں تک پہنچتی تھیں۔ اگر تم پورے ملک میں تمام زبانوں میں چھپنے والے اخباروں اور رسالوں وغیرہ کا کچھ اندازہ کرنا چاہتے ہو تو ہم نے انھیں بالکل آخر میں ضمیمہ 3 اور 4 میں دے دیا ہے۔

بالکل مختصر طور پر 1981 میں ہمارے ملک میں تمام اخباروں اور رسالوں کی سب ملا کر پانچ کروڑ گیارہ لاکھ دو ہزار (5,11,02,000) سے زیادہ کاپیاں چھپتی تھیں۔ جن میں صرف روزانہ اخباروں کی کاپیوں کی تعداد ایک کروڑ باون لاکھ پچپن ہزار (1,52,55,000) سے زیادہ تھی۔

ہندوستان میں کچھ سال پہلے یعنی 1981 میں جس اخبار کی اشاعت کی تعداد سب سے زیادہ تھی، وہ بنگالی کا کلکتہ سے نکلنے والا آنند بازار پتریکا تھا جو ایک ہی جگہ سے چار لاکھ سولہ ہزار پانچ سو (4,16,500) سے زیادہ چھپتا تھا۔ رسالوں میں سب سے بڑا رسالہ مدراس سے نکلنے والا کُمودم تھا جس کی ہفتے میں پانچ لاکھ سترہ ہزار (5,17,000) کے قریب کاپیاں چھپتی تھیں۔

1980 میں ہمارے یہاں تمام اخبار اور رسالے چھاپنے میں سب ملا کر نو لاکھ سے زیادہ آدمی کام کرتے تھے اور اٹھائیس کروڑ (28,00,00,000) کلوگرام سے زیادہ کاغذ خرچ ہوتا تھا۔ اخباروں کو چھاپنے میں ہی لگ بھگ تین لاکھ پچیس ہزار آدمی لگے ہوئے تھے۔ کاغذ بنانے، اشتہار جمع کرنے اور انھیں بنانے، نیوز ایجنسیوں اور اخباروں کی بکری کے کام سے جتنے لوگوں کو روزگار مل رہا تھا وہ ان سے الگ تھے۔

ویسے تو چھوٹی بڑی سب ملا کر ہمارے ملک میں اٹھارہ نیوز ایجنسیاں ہیں، لیکن ان میں چار بہت بڑی اور بہت مشہور ہیں۔ ان کے نام ہیں۔

پریس ٹرسٹ آف انڈیا۔ Press Trust of India (PTI)

یونائیٹیڈ نیوز آف انڈیا (United News of India (UNI

ہندوستان سماچار اور سماچار بھارتی

ہمارے ملک میں اپنے اخباروں کو خبر پہنچانے کے لیے اُنیس 19 غیر ملکی نیوز ایجنسیوں کو بھی منظور کر لیا گیا ہے۔ ان میں سے کچھ خاص خاص اور مشہور نیوز ایجنسیوں کے نام نیچے دیے ہوئے ہیں۔

امریکہ کی ایسو سی ایٹیڈ پریس آف امریکہ، Associated Press of America (APA)

امریکہ کی یونائیٹیڈ پریس انٹر نیشنل (UPI) United Press International

اٹلی کی اٹالین نیشنل نیوز ایجنسی Italian National News Agency ((ANSA

برطانیہ کی رائٹر Reuter

جاپان کی کیوڈو نیوز سروس، Kyodo News Service

جرمنی کی جرمن پریس ایجنسی (German Press Agency (FRG

روس کی طاس، Tass

عراق کی عراقی نیوز ایجنسی Iraqui News Agency

فرانس کی ایجنسی فرانس پریس Agency France Press

ہانگ کانگ کی اکونومک نیوز سروس Economic News Service

تو یہ تھا اخبار کی کہانی کا وہ حصہ جو ہمارے ملک سے تعلق رکھتا ہے۔ ایسٹ انڈیا کمپنی سے نکالے ہوئے ایک ملازم ولیم بولٹس کی ناکام کوشش اور 1780 میں ہکی کے بنگال گزٹ سے شروع ہو کر یہ کہانی اس وقت تک پہنچ گئی جب ملک بھر میں ہر روز صبح کو انگریزی اور ہندوستان کی مختلف زبانوں میں بارہ سو چونسٹھ اخباروں کی ایک کروڑ باون لاکھ پچپن ہزار سے زیادہ کاپیاں لوگوں کے ہاتھوں میں آجاتی ہیں۔

(٦) چھٹا باب: اخبار کی دنیا

کہانی میں اب تک جہاں جہاں بھی ہم نے اخباری دنیا کے الفاظ استعمال کیے ہیں، وہاں ان سے ہمارا مطلب تھا وہ دنیا جو اخبار پڑھتی ہے، اس میں اشتہار دیتی ہے، اس سے فائدہ اٹھاتی ہے وغیرہ وغیرہ یعنی یوں کہا جائے کہ اخبار کی باہر کی دنیا۔ مگر اب ہم اخبار کی "اندر کی دنیا" کا ذکر کر رہے ہیں۔ ہاں، سچ مچ! ہر اخبار کی اپنی الگ ہی ایک دنیا ہوتی ہے۔

اخبار کس طرح تیار ہوتا ہے؟ یعنی پہلی خبر حاصل کرنے سے اخبار پڑھنے والوں کے ہاتھوں میں پہنچنے تک۔ اس کاروبار کے لیے 'دنیا' سے چھوٹا کوئی لفظ استعمال نہیں کیا جا سکتا۔ یہ ایک کارخانہ نہیں، ان گنت کارخانوں کا ایک جمگھٹ ہے۔ ہر کارخانہ اپنے اپنے کام میں دن رات لگا رہتا ہے۔ کہیں خبریں کاٹی چھانٹی جاتی ہیں، کہیں مضمون لکھے جاتے ہیں اور ان کی نوک پلک درست کی جاتی ہے، کہیں فوٹو بنتے ہیں اور ان کے بلاک تیار کیے جاتے ہیں، کہیں پگھلی ہوئی دھات سے حرف، لفظ اور لائنیں کی لائنیں اور صفحے کے صفحے ڈھالے جاتے ہیں، کاغذوں پر چھپائی ہوتی ہے، انھیں موڑ موڑ کر اخبار کی شکل دی جاتی ہے اور جب ہر کارخانے کا ایک ایک پُرزہ اپنا کام پورا کر لیتا ہے تب کہیں چوبیس گھنٹے بعد ان کارخانوں کی پیداوار۔ یعنی اخبار۔ لوگوں کے ہاتھوں میں پہنچتی ہے۔

تو اب تک اس کے بارے میں جتنا تم نے پڑھا وہ تو تھی اس کی کچھ تاریخ اور تھوڑا بہت جغرافیہ۔ مگر ابھی اس دنیا کی کتنی ہی باتیں باقی رہ گئی ہیں۔ خبریں کس طرح آتی ہیں ؟کیسے انھیں چھانٹا جاتا ہے؟ یا چھاپنے کے قابل بنایا جاتا ہے؟ ہر روز اخبار کو کس طرح

جمایا جاتا ہے ؟ کس طرح چھاپا جاتا ہے ؟ وغیرہ وغیرہ؟ اب ظاہر ہے کہ ہماری اس چھوٹی سی کہانی میں یہ ساری باتیں پوری تفصیل سے تو نہیں بتائی جاسکتیں۔ اور پھر بہت سی باتیں تو خالص سائنسی اور مشینی تکنیک سے تعلق رکھتی ہیں، جنھیں تم اور بڑے ہو کر پڑھو گے۔ ہم تو اس جگہ تمہیں موٹے موٹے طور پر اور بالکل آسان کر کے اتنا بتانے کی کوشش کریں گے کہ ایک اچھا اور بڑا اخبار کس طرح تیار ہوتا ہے۔

خبریں حاصل کرنے کے متعلق تم پہلے بھی کچھ پڑھ چکے ہو۔ اس کام کے لیے دو طریقے خاص طور پر استعمال کیے جاتے ہیں۔ زیادہ تر خبریں تو نیوز ایجنسیوں کے ذریعے ہی حاصل ہوتی ہیں۔ ہر بڑا اخبار دنیا کی بڑی بڑی نیوز ایجنسیوں سے تعلق رکھتا ہے۔ نیوز ایجنسیوں کے رپورٹر دنیا بھر میں پھیلے ہوئے ہوتے ہیں اور خبریں جمع کر کے اپنے اپنے دفتروں کو بھیجتے رہتے ہیں۔ پھر جیسے ہی کوئی خبر کسی نیوز ایجنسی کو ملتی ہے۔ اسے دفتر میں ٹیلی پرنٹر پر ٹائپ کیا جاتا ہے جو فوراً دنیا بھر کے اخباروں کے دفتروں میں رکھے ہوئے ٹیلی پرنٹروں پر ایک ساتھ ٹائپ ہوتی چلی جاتی ہے۔

ٹیلی پرنٹر دیکھنے میں ٹائپ مشین جیسا ہی ہوتا ہے لیکن اس کے کام میں ذرا سا فرق ہوتا ہے۔ جس طرح ٹیلی فون پر آواز ایک سے دوسری جگہ پہنچتی ہے، ٹیلی پرنٹر کے ذریعے پیغام ایک سے دوسری جگہ جانے کے ساتھ ساتھ مختلف جگہوں پر ٹائپ بھی ہوتا چلا جاتا ہے۔ اور پیغام رسانی کی اس تکنیک نے تو اب اتنی ترقی کرلی ہے کہ دنیا کے کسی کونے سے کسی کونے تک پیغام کے ساتھ تصویریں بھی بھیج دی جاتی ہیں، اور اخباروں کے دفتروں میں پہنچ جاتی ہیں۔ اس تکنیک کو ریڈیو فوٹو (Radio Photo) کہتے ہیں۔

مگر ٹیلی پرنٹر پر جو خبر اخبار کو ملتی ہے، وہ بالکل ویسی کی ویسی ہی اخبار میں نہیں چھاپ دی جاتی۔ اسے کاٹ چھانٹ اور بناؤ سنگھار کے بعد اخبار میں دیا جاتا ہے۔ نیوز ایجنسی کے

علاوہ خبریں حاصل کرنے کا دوسرا طریقہ وہی پرانا طریقہ ہے جس کی بنیاد پر دنیا میں پہلا اخبار نکلا ہوگا۔ یعنی رپورٹر کے ذریعہ خبریں حاصل کرنا پہلے تو اخباروں میں ایک ہی آدمی رپورٹر، ایڈیٹر، مالک اور کبھی کبھی مشین چلانے والا بھی خود ہی ہوتا تھا۔ تم نے دہلی اردو اخبار کے ذکر میں پڑھا تھا کہ مولوی محمد باقرؔ جو اخبار کے ایڈیٹر اور مالک سب کچھ تھے 1857 کی بغاوت کے زمانے میں گلی گلی کوچے کوچے خود ہی خبریں جمع کرتے تھے۔ مگر اب ان تمام کاموں کے لیے سیکڑوں، بلکہ ہزاروں آدمی ہر اخبار کے لیے کام کرتے ہیں۔ اخبار اپنے شہر میں، پورے ملک میں، بلکہ ساری دنیا میں اپنے رپورٹر رکھتا ہے، جو ڈاک، تار، ٹیلی فون غرض ہر ذریعے سے اپنے اپنے اخبار کو خبریں بھیجتے رہتے ہیں۔

ایک طریقہ یہ بھی ہے کہ دوسرے اخباروں سے خبریں حاصل کرلی جاتی ہیں۔ پھر اس کے علاوہ حکومت یا بڑے بڑے ادارے عوام تک پہنچانے کے لیے جو اعلان کرتے ہیں، ان کی نقلیں بھی اخباروں کو بھیجی جاتی ہیں۔ ٹیلی فون، ریڈیو، ٹیلی ویژن وغیرہ سے بھی خبریں حاصل کی جاتی ہیں۔

ہر اخبار میں یوں تو الگ الگ بہت سے شعبے ہوتے ہیں مگر ان میں سب سے بڑے یا سب سے اہم پانچ شعبے کہے جاسکتے ہیں خبروں کا شعبہ، اشتہاروں کا شعبہ، چھپائی کا شعبہ یا پریس، اخبار کی تقسیم یا بکری کا شعبہ اور حساب کتاب کا شعبہ ظاہر ہے کہ اخبار کی تیاری میں سب سے زیادہ کام خبروں کے شعبے کا ہی ہوتا ہے۔ اس شعبے کے دو بڑے حصے ہوتے ہیں، ایک رپورٹروں کا حصہ اور دوسرا ایڈیٹوریل۔ رپورٹر کئی طرح کے ہوتے ہیں سیاسی خبریں جمع کرنے والے، شہر کی عام خبریں جمع کرنے والے، کھیل کود، اسپورٹس، تجارت، بیوپار، سائنس، ڈرامہ، موسیقی وغیرہ قسم کی الگ الگ خبریں جمع کرنے والے۔

ایڈیٹوریل شعبے کا کام ہوتا ہے ہر خبر کو اخبار کی پالیسی کے مطابق کاٹ چھانٹ کر

اسے چھپنے کے قابل بنانا اس شعبے کے سب سے بڑے افسر کو عام طور پر چیف ایڈیٹر (Chief Editor) کہتے ہیں یہ صرف اپنے شعبے کا ہی افسر نہیں ہوتا، بلکہ پورے اخبار کے سارے شعبوں کی نگرانی بھی اسی کا کام ہوتی ہے۔ ایک طرح سے چیف ایڈیٹر کو اس پورے اخبار میں چھپنے والے ایک ایک لفظ کا ذمہ دار مانا جاتا ہے۔

ہر بڑے اخبار میں ایک دو کارٹون بنانے والے آرٹسٹ بھی ہوتے ہیں۔ کارٹون کے ذریعے کسی بہت اہم خبر یا کسی لیڈر کے بیان کو یا اس کے کسی خیال کو اس کی کچھ بگڑی ہوئی تصویر کے ساتھ کچھ ایسے طنز و مذاق کے انداز میں دکھایا جاتا ہے کہ اسے دیکھتے ہی ہنسی آجاتی ہے۔ خیر اخبار میں کارٹون کا کوئی اور فائدہ ہو یا نہ ہو، ایک بات ضرور ہے، سارے اخبار میں بے حد سنجیدہ اور کبھی کبھی بہت بھیانک حادثوں کی خبریں پڑھتے پڑھتے جب پڑھنے والے کی نگاہ کارٹون پر پڑتی ہے تو وہ تھوڑی دیر کے لیے سب کچھ بھول کر بے اختیار جی کھول کر ہنس لیتا ہے۔ اچھے کارٹونوں میں صرف بھونڈے انداز میں مذاق ہی نہیں اڑایا جاتا، کبھی کبھی ان کے ذریعے بہت تیکھے انداز میں چبھتا ہوا طنز بھی کیا جاتا ہے۔ چنانچہ دنیا کے بڑے بڑے لیڈر اخباروں میں اچھے کارٹونوں کو بہت پسند کرتے ہیں۔ تم کچھ پرانے کارٹونوں کی تصویریں پہلے ہی دیکھ چکے ہو۔

ہر اخبار کے دفتر میں ایک مقررہ وقت پر روزانہ ایک میٹنگ ہوتی ہے جس میں تمام شعبوں کے ذمے دار افسر موجود ہوتے ہیں۔ اس میٹنگ میں اگلے دن کے اخبار کے لیے موٹی موٹی باتیں طے کر لی جاتی ہیں۔ سب سے پہلی بات تو یہ کہ اگلے دن کے اخبار میں کتنی جگہ اشتہاروں کے لیے رکھی جائے گی، چونکہ اشتہار تو پہلے ہی موجود ہوتے ہیں۔ عام طور پر ایک اخبار میں تیس (30) فیصد سے ستر (70) فیصد حصے پر صرف اشتہار ہی چھپتے ہیں۔ پھر یہ بھی طے کر لیا جاتا ہے کہ مضمون اور ایڈیٹوریل وغیرہ کتنے حصے میں دیے

جائیں گے، عام خبروں کے لیے کتنا حصہ ہو گا، وغیرہ وغیرہ۔ غرض اس میٹنگ میں اگلے دن کے اخبار کا ایک موٹا موٹا ڈھانچہ تیار کر لیا جاتا ہے۔ اور پھر ہر شعبہ پوری طرح اپنے اپنے کام میں کھو جاتا ہے۔

اب جیسے ہی کوئی خبر آتی ہے، اسے ایڈیٹوریل کے شعبے ہیں بھیج دیا جاتا ہے۔ دن بھر میں یہاں مختلف قسم کی بہت سی خبریں آتی رہتی ہے اور اس شعبے میں کام کرنے والے مختلف میدانوں کے ماہر لوگ، انھیں کاٹ چھانٹ کر اپنے اخبار کی پالیسی اور انداز کے مطابق، چھوٹا یا بڑا کر کے، ان کی سرخیاں یا عنوان وغیرہ تیار کر کے، انھیں اخبار میں چھپنے کے قابل بناتے رہتے ہیں۔

اسی طرح جیسے ہی کوئی تصویر آتی ہے اور اسے ایڈیٹوریل کا شعبہ اپنے اخبار میں چھپنے کے قابل مان لیتا ہے تو اسے فوراً فوٹو گرافی کے شعبے میں بھیج دیا جاتا ہے۔ پھر ایک خاص بات یہ بھی طے کرنی ہوتی ہے کہ کون سی خبر اخبار کے کس صفحے اور صفحے کے کس حصے پر چھپے گی۔ یہ کام بھی ایڈیٹوریل کا شعبہ ہی کرتا ہے۔ ظاہر ہے کہ اخبار میں چھپنے والی ہر خبر ایک جیسی اہمیت نہیں رکھتی۔ یہ بات کہ کون سی خبر کہاں چھپے گی، اس کی سرخی یا عنوان کتنا موٹا رکھا جائے گا، ہر اخبار کی اپنی پالیسی کے مطابق ہوتی ہے۔ کسی ایسے اخبار میں جو پورے ملک میں بڑا یا اہم مانا جاتا ہے کوئی قومی خبر۔ جیسے وزیر اعظم یا صدر وغیرہ کی تقریر، کسی دوسرے ملک کے لیڈر، وزیر اعظم یا صدر وغیرہ کے آنے کی اطلاع، پڑوسی ملک سے صلح یا جنگ کی خبر، سب سے خاص مانی جائے گی اور اسے ہی سب سے پہلے صفحے پر موٹا موٹا چھاپا جائے گا۔ لیکن کسی چھوٹے سے شہر سے نکلنے والے اخبار میں، جو صرف اسی شہر یا آس پڑوس کے کچھ شہروں میں پڑھا جاتا ہے، ممکن ہے کسی بڑے سرکاری افسر کے تبادلے، شہر میں کسی چھوٹے موٹے لیڈر کی آمد، یا اس کی تقریر، بلکہ

ممکن ہے کسی چوری یا ڈکیتی کی خبر کو سب سے پہلے چھاپا جائے۔

ایک بات اور خاص یہ بھی سمجھنے کی ہے کہ وہ خبریں جو کسی نہ کسی طرح اخبار کے دفتر میں پہنچتی رہتی ہیں، سب کی سب نہیں چھاپ دی جاتیں۔ اندازہ یہ ہے کہ ہر بڑے اخبار میں جتنی خبریں یا مواد چھپتا ہے، اس کا لگ بھگ پچاس گنا مواد ہر روز جمع ہوتا ہے۔ اب تم خود سوچ سکتے ہو کہ پچاس میں سے انچاس حصوں کی چھانٹ کر نکالنے اور کار آمد مواد کا ایک حصہ ڈھونڈ کر اسے اخبار میں چھپنے قابل بنانے کا کام کتنا مشکل ہوتا ہوگا۔ اس لیے تم اگر کسی اخبار کے دفتر میں جھانک کر دیکھو تو تمہیں عجیب منظر نظر آئے گا۔ ہر شخص اپنے اپنے کام میں اتنا مصروف دکھائی دے گا جیسے وہ کسی ہنگامے یا حادثے کی خبر لے کر دوڑ رہا ہے۔ کوئی کاغذوں پر بڑی تیزی سے پنسل یا قلم سے کاٹ چھانٹ کرنے یا لکھنے میں مصروف ہے، کوئی ٹائپ مشین پر اتنی تیزی سے ٹائپ کر رہا ہے کہ اسے اپنے کاغذ سے نگاہ اٹھانے کی بھی فرصت نہیں ہے، حد یہ ہے کہ کان پر ٹیلی فون کا رسیور چپکا ہوا ہے، دوسری طرف سے بولنے والا بول رہا ہے اور ٹائپ کرنے والا سننے کے ساتھ ساتھ ٹائپ بھی کرتا جا رہا ہے۔ کسی کو دیکھیے تو وہ تیزی سے راستہ بھی طے کر رہا ہے اور چلتے چلتے کاغذ پر کچھ پڑھتا بھی جا رہا ہے۔ ٹیلی پرنٹر سے کاغذ کے چھوٹے بڑے ورق پھاڑ پھاڑ کر مختلف شعبوں میں یا رپورٹروں کو پہنچائے جا رہے ہیں۔ کہیں چار پانچ آدمیوں کی ٹولی بیٹھی ہوئی اس پر بحث کر رہی ہے کہ کسی خاص خبر کو کس طرح اور کہاں چھاپا جائے۔ غرض اخبار کے دفتر میں شاید ہی کوئی آدمی خالی بیٹھا یا آرام کرتا نظر آئے گا۔

جب کسی خبر کے لیے یہ طے ہو جاتا ہے کہ وہ کسی صفحے پر چھپے گی، کتنی بڑی ہوگی، کس کالم میں چھپے گی، تو اسے پریس بھیج دیا جاتا ہے۔ پریس میں اسے ایک ایسی مشین پر ٹائپ کیا جاتا ہے جو صرف کاغذ پر ٹائپ ہی نہیں کرتی بلکہ اس کے ساتھ ساتھ پگھلی ہوئی

دھات سے لفظ اور لائنیں بھی ڈھلتی چلی جاتی ہیں۔ اس طریقے کو انگریزی میں لینوٹائپ (Linotype) کہتے ہیں۔ اس کام کی تیزی کا اندازہ تم اس طرح کر سکتے ہو کہ ٹائپ مشین ایک منٹ میں ایک کالم کی پانچ لائنیں ٹائپ کر کے انھیں پگھلی ہوئی دھات سے بنے لفظوں میں تبدیل کر سکتی ہے۔ اس طرح لائنوں سے کالم اور کالموں سے پورے صفحے کا ایک فرما تیار کر لیا جاتا ہے۔ اسی میں تصویروں کے بلاک بھی جما دیے جاتے ہیں۔

دھات کے لفظ اور لائنیں ڈھالنے میں اتنی ترقی ہو چکی ہے کہ اب ٹیلی پرنٹر پر آنے والی خبر بھی صرف ٹائپ ہی نہیں ہوتی، اس کے الفاظ پگھلی ہوئی، دھات میں ڈھل کر لائنوں اور کالموں میں بدل جاتے ہیں۔

سرخیوں اور موٹے ٹائپ کے لیے جو طریقہ استعمال کیا جاتا ہے، اس میں پگھلی ہوئی دھات سے پوری لائن کی بجائے ایک ایک حرف الگ الگ ڈھالا جاتا ہے۔ مگر یہ کام بھی ٹائپ کے ساتھ ساتھ ہوتا رہتا ہے۔ تصویریں بلاک کے ذریعے چھپتی ہیں۔ چنانچہ ہر اخبار کے دفتر میں فوٹو گرافی کے شعبے کا ایک حصہ بلاک تیار کرنے کا کام بھی کرتا ہے۔

اور چونکہ اخبار کا پہلا کام ہی نئی سے نئی خبریں پہنچانے کا ہے۔ اس لیے یہ بھی خیال رکھا جاتا ہے کہ آخری وقت تک بھی اگر کوئی خبر آ جائے تو اسے چھاپا جا سکے۔ چنانچہ جب تک کسی صفحے کا پرچہ پریس کی مشین میں نہیں چڑھایا جاتا، اس میں کاٹ چھانٹ اور تبدیلی ہوتی رہتی ہے۔ اور پھر چونکہ اخبار کا پہلا صفحہ پورے اخبار میں سب سے اہم اور خاص مانا جاتا ہے، اس لیے اسی کو سب سے آخر میں تیار کیا جاتا ہے۔

عام طور پر ہر بڑا اخبار رات کو بارہ ایک بجے تک چھپنا شروع ہو جاتا ہے اور کہا جاتا ہے کہ اگر گیارہ ساڑھے گیارہ بجے تک بھی کوئی خاص خبر دفتر میں پہنچ جائے اور یہ طے کر لیا جائے کہ اسے اخبار میں دیا جانا ضروری ہے، تو سارے کام، جن میں تصویر کا بلاک بنانا

بھی شامل ہے، آدھے پونے گھنٹے میں پورے کر لیے جاتے ہیں۔ پھر بھی ہر اخبار کی چھپائی کا کام شروع کرنے کے لیے اخبار والے ایک آخری منٹ ضرور مقرر کر لیتے ہیں، تاکہ صبح کو وقت پر اخبار لوگوں کے ہاتھوں میں پہنچایا جا سکے۔

ایک اور دلچسپ بات یہ ہے کہ جو اخبار شام کو نکلتے ہیں ان کے لیے اس وقت سے کام شروع ہوتا ہے جس وقت صبح کو نکلنے والے اخبار کا کام ختم ہو جاتا ہے یا اس کی تیاری کا کام لگ بھگ پورا ہو کر مدھم ہونے لگتا ہے۔ اور صبح کو نکلنے والے اخباروں کی تیاری کا کام دن کے ساتھ ساتھ تیزی پکڑتا جاتا ہے اور شام کے بعد سے آدھی رات تک اخبار کے دفتر میں بہت رونق اور ہلچل نظر آتی ہے۔ ویسے اخبار کا دفتر ایک ایسی جگہ ہے جہاں سال میں بارہ مہینے اور دن میں چوبیس گھنٹے کچھ نہ کچھ کام ہوتا رہتا ہے۔ اخباروں کی چھٹّی بھی بہت کم دن ہوتی ہے، بلکہ بعض اخبار تو پورے سال بلاناغہ نکلتے ہیں۔

تو یہ تھا اخبار کی تیاری کا کام، جسے ہم نے بہت موٹے موٹے طور پر تمہیں بتانے کی کوشش کی ہے۔ ہم پہلے بھی کہہ چکے ہیں کہ اخبار کو چونکہ انسانی ترقی کا ایک نشان سمجھا جاتا ہے، لہٰذا یہ بھی دنیا کی ہر سائنسی ترقی کو جلدی سے جلدی اپنے کام لانے کی کوشش کرتا ہے۔ چنانچہ معلومات کو چھانٹنے اور بانٹنے کا کام اب کمپیوٹر سے بھی لیا جاتا ہے۔ خبروں کو تیزی سے ایک جگہ بھیجنے میں صرف ٹیلی گراف، ٹیلی فون، ٹیلی ویژن وغیرہ ہی کام میں نہیں آتے بلکہ اب تو سیٹیلائٹ (مصنوعی سیارچے) کی مدد بھی لی جاتی ہے۔

ہر اخبار کے دفتر کے ساتھ ایک بہت بڑی اور بہت اچھی لائبریری بھی ہوتی ہے جس میں دنیا کے ہر علم کے سلسلے میں معلومات سے بھری کتابیں موجود ہوتی ہیں تاکہ جس وقت بھی کسی چیز یا کسی مشہور آدمی وغیرہ کے متعلق معلومات حاصل کرنی ہو تو چند

منٹ میں اسے حاصل کیا جاسکے۔ چنانچہ تم چاہو تو خود ہی دیکھ سکتے ہو کہ اگر دنیا میں کوئی بڑا حادثہ یا خاص بات ہوتی ہے تو اس کی پوری تفصیل پرانی، تاریخ، اور اس کے متعلق پوری معلومات اچھے اخبار میں صبح کو مل جاتی ہے۔

اس پر یاد آیا کہ کچھ سال پہلے دہلی میں رات کو کوئی ساڑھے آٹھ بجے ایک زلزلہ آیا تھا۔ یہ کافی سخت زلزلہ تھا اور دہلی میں ایسا جھٹکا لگ بھگ سو سال سے نہیں آیا تھا۔ لیکن جب صبح کو ایک اخبار دیکھا تو حیرت کی حد نہیں رہی۔ اس میں اس زلزلے کی صرف اطلاع ہی نہیں تھی، دنیا بھر میں پچھلے پانچ سو سال میں جتنے بڑے بڑے زلزلے آئے تھے، ان سے جتنا جانی اور مالی نقصان ہوا تھا۔ ان کی جگہیں اور بعض بعض کے وقت تک کی تفصیل موجود تھی۔ کچھ ایسا لگتا تھا جیسے مضمون لکھنے والے کو پہلے سے معلوم تھا کہ یہ مضمون کل صبح کے ہی اخبار میں چھپے گا اور وہ صرف اس کا انتظار کر رہا تھا کہ دہلی میں کس وقت زلزلے کا جھٹکا لگے اور وہ اس کا صحیح وقت لکھ کر اخبار میں دے دے۔

اور یہ کہنا بھی کسی طرح غلط نہ ہو گا کہ اچھے اخبار کا دفتر دنیا کی عام معلومات کا ایک بہترین خزانہ ہوتا ہے چاہے وہ سیاسی معلومات ہو یا تاریخی، سائنسی ہو یا معاشی، یا ہماری زندگی کے کسی پہلو سے تعلق رکھتی ہو۔

خیر بات ہو رہی تھی اخبار کی تیاری کی۔ جب اخبار میں چھپنے والا مواد تیار ہو جاتا ہے، اس کی سرخیاں، کالم، تصویریں، کارٹون، اشتہار، غرض سب کچھ تیار ہو جاتے ہیں تو باقی کام پریس یا چھاپہ خانہ کا ہوتا ہے۔ چھاپہ خانے کی مشینوں کی دنیا یا کارخانے کو اگر ہم تمہیں لکھ کر سمجھانے کی کوشش کریں تو سمجھاتے سمجھاتے ہم بھی ہار جائیں گے اور ممکن ہے تم بھی اونگھ جاؤ۔

مختصر طور پر اور عام طور پر چھپائی کا کام کچھ اس طرح ہوتا ہے کہ پہلے ڈھلی ہوئی

لائنوں سے بنے کالموں اور فوٹو کو جمع کر کے ہر صفحے کے فرمے تیار کر لیے جاتے ہیں اور ان فرموں کے ذریعے چند کاغذوں پر چھاپ کر کچھ نقلیں تیار کر لی جاتی ہیں، جنھیں پروف کہتے ہیں۔ ان پروف کے کاغذوں کو پڑھ کر ان کی غلطیاں ٹھیک کی جاتی ہیں اور فرموں میں جو پھیر بدل کرنا ہوتا ہے اسے پورا کر دیا جاتا ہے۔ مگر فرما تو بالکل سپاٹ ہوتا ہے اور چھاپے کی مشین کا رولر گول۔ لہٰذا اس کے لیے یہ ترکیب کی جاتی ہے کہ اس فرمے کو دھات کی پتلی سی چادر پر چھاپ لیا جاتا ہے تاکہ اسے گول رولر پر چڑھایا جا سکے۔ اور باقی سارا کام مشین کا ہوتا ہے۔ یعنی چھاپنا، دو دو ورقوں کے کاغذ کاٹنا، موڑنا، اخبار کے تمام کاغذوں کو ترتیب کے مطابق جمع کرنا، اور ان کے گڈے بنا بنا کر بکری کے لیے تیار کرنا۔

ان تمام کاموں کی رفتار کا اندازہ کچھ تو تمہیں پہلے پڑھی ہوئی ایک خبر سے ہو چکا ہے۔ تم نے نزہت الاخبار میں 9 اگست 1851 کو چھپی ایک خبر میں پڑھا تھا کہ امریکہ کے ایک چھاپہ خانے میں اس وقت ایک گھنٹہ میں بیس 20 ہزار کاپیاں چھپ جاتی تھیں اب لگ بھگ پچاس ہزار کاپیاں ایک گھنٹہ میں پوری طرح تیار ہو جاتی ہیں۔

اخبار کی دنیا ترقی کر کے اب کہاں پہنچ چکی ہے۔ اس کا اندازہ نیچے دی ہوئی ایک خبر کے ترجمے سے لگایا جا سکتا ہے:

ہیرالڈ ٹریبیون (Herald Tribune) کا ایشیائی ایڈیشن

ہانگ کانگ ستمبر 15 (رائٹر) بین الاقوامی ہیرالڈ ٹریبیون نے آج سے اپنا ایک ایشیائی ایڈیشن بھی شروع کیا ہے جو ہانگ کانگ میں چھپے گا مگر اس کی مکمل تنظیم و تیاری پیرس میں ہو گی۔ اسے ایک مواصلاتی سٹیلائٹ کے ذریعے ٹرانسمٹ کیا جایا کرے گا۔

1887 کا قایم شدہ یہ اخبار پیرس، لندن اور رواچ (سوئٹزرلینڈ) میں پہلے ہی چھپتا ہے

اور اس طرح یہ انگریزی زبان کا پہلا ایسا اخبار ہو گا جو یورپ اور ایشیا میں ایک ہی وقت پر لوگوں کے پاس پہنچے گا۔

تو یہ ہے ہماری اخبار کی دنیا کا ایک بہت دھندلا سا خاکہ۔ یہ بھی صرف ان اخباروں کے لیے ہے جو ٹائپ کے اصول پر چھپتے ہیں۔ یعنی اردو کو چھوڑ کر، انگریزی اور تمام ہندوستانی زبانوں کے اخبار۔ اور اب تو دنیا بھر میں اخبار اسی طریقے سے چھپتے ہیں۔ صرف اردو اخبار ٹائپ پریس، کے ذریعے نہیں چھپتے۔ اس کے پریس یا تو لیتھو پریس ہوتے ہیں یا آفسیٹ۔ جہاں تک صرف مشین کی تیزی یا چھاپنے کی رفتار کا سوال ہے وہ تو ایک جیسی ہی ہو سکتی ہے مگر اردو اخبار کے چھپنے میں اس کی چھپائی کی وجہ سے نہیں، لکھائی کی وجہ سے دیر لگتی ہے۔ لیتھو یا آفیسٹ دونوں طریقوں میں پہلے پورے اخبار کو ہاتھ سے لکھنا ضروری ہوتا ہے۔ مگر ایسا نہیں ہے کہ اس اس کمزوری کی وجہ سے اردو اخبار نکلتے ہی نہ ہوں۔ تم پہلے ہی پڑھ چکے ہو کہ ملک بھر میں اب سے کچھ سال پہلے 1981 تک اردو زبان کے سب ملا کر ایک سو اٹھائیس (128) اخبار نکلتے تھے جن میں سات لاکھ چونتیس ہزار (7,34,000) سے زیادہ کاپیاں روزانہ بکتی تھیں۔

ہم اور اخبار

سچ بات تو یہ ہے کہ اخبار ہماری ترقی کو ناپنے کا ایک پیمانہ سا بن گئے ہیں۔ یہ ہماری روزانہ زندگی کا ایک ایسا حصہ بن چکے ہیں، جو اب شاید ہم سے کبھی الگ نہ ہو سکے گا۔ اگر ہم دنیا کے حالات کی جان کاری رکھنا چاہتے ہیں، عام سمجھ بوجھ، معلومات، ہر طرح کی تعلیم، اور دنیا میں ہونے والے نت نئے واقعات، ایجادوں، تبدیلیوں، انقلابوں، غرض ان تمام چیزوں سے خود کو باخبر رکھنا چاہتے ہیں، تو اخبار سے بہتر اور کوئی چیز نہیں ہے۔ یہ اخبار ہی ہیں جو ایک ہی وقت میں ہمیں چھوٹی سے چھوٹی اور بڑی سے بڑی چیز کی معلومات

پہنچاتے ہیں، دلچسپی کا ذریعہ بھی ہیں، خالی وقت کا بہترین مشغلہ بھی بن جاتے ہیں، روزانہ کی ضروری اطلاعیں بھی ان ہی میں ملتی ہیں، غرض کیا کچھ نہیں ملتا۔ کتنی ہی بار ایسا بھی ہوتا ہے کہ ایک دم کسی شام کو تم کوئی پکچر دیکھنے کا پروگرام بناتے ہو تو یہ جاننے کے لیے کہ شہر میں کون کون سے پکچر آج کل چل رہے ہیں اور کہاں کہاں چل رہے، سب سے پہلے تم اخبار ہی دیکھتے ہو۔ تمہیں اپنے ہی ملک میں کہیں دور جانا پڑے اور وہاں کے موسم کے بارے میں تمہیں فوراً کچھ معلومات حاصل کرنا ضروری ہو جائے تو اچھے اخبار کے ذریعے تمہیں یہ بھی معلوم ہو جائے گا کہ ملک کے مختلف حصوں میں کیا ٹمپریچر چل رہا ہے، کہاں کہاں بارش ہو رہی ہے وغیرہ وغیرہ۔ اخبار کے ذریعے ہی تم یہ بھی اندازہ کر سکتے ہو کہ کل کیا موسم ہو سکتا ہے، آج کل سورج کس وقت نکلتا ہے اور ڈوبتا ہے، آسمان پر چاند آج کتنا رہے گا۔ سمندری ساحل کے نزدیک رہنے ولے لوگ جوار بھاٹا کے صحیح صحیح وقت بھی اخباروں میں دیکھ سکتے ہیں، وغیرہ وغیرہ۔

شروع میں تم نے جو انگریزی کی کہاوت پڑھی تھی، وہ ہماری آج کی اخباری دنیا میں اب کچھ زیادہ غلط بھی نہیں لگتی۔ اگر تم روزانہ صبح اٹھ کر اخبار پڑھنے کی عادت ڈال لو تو بہت سی کام کی باتیں یوں ہی تمہارے دماغ میں پہنچ جائیں گی۔ اور اخباروں میں اشتہاروں کے بارے میں تو ایڈیسن کا بیان بالکل شروع میں ہی پڑھ چکے ہو وہی کہ اگر کوئی۔۔۔ کھوئے ہوئے گھوڑے یا گھر سے بھاگے ہوئے عزیز کو ڈھونڈنا چاہتا ہے۔۔۔ چاٹنے کی دوا، گدھا، دودھ یا کچھ بھی چاہیے۔۔۔ تو یہی اخبار وہ جگہ ہے جہاں اسے تلاش کیا جا سکتا ہے۔

تمہیں نوکری تلاش کرنا ہو یا نوکر ڈھونڈنا ہو، تب بھی اخبار ہی تمہارا سب سے پہلا سہارا ہے۔ اور اب تو ہمارے ملک میں ایک پورا ہفتہ وار اخبار صرف نوکریوں کے

سلسلے میں ہی نکلتا ہے اور ہندوستان کی بہت سی زبانوں میں چھپتا ہے۔ انگریزی میں اس کا نام (Employment News) اور ہندی میں روزگار سماچار ہے۔ دنیا بھر میں سونے چاندی کے کیا بھاؤ چل رہے ہیں، ملک بھر میں اناج اور ضرورت کی خاص خاص چیزوں کے بھاؤ میں کیا فرق آیا ہے۔ غرض سیاسی خبروں اور خاص خاص واقعات و حادثات کی اطلاع کے علاوہ بھی اخبار ہمیں اتنا کچھ دیتا ہے کہ اس کا اندازہ صرف وہی لگا سکتے ہیں جنھیں اخبار پڑھنے کی عادت ہو۔

یہ بات کہنا بھی غلط نہیں ہو گا کہ ہم پرانی تہذیبوں اور پرانی تاریخ کے صرف بڑے بڑے واقعات تو کتابوں میں پڑھ لیتے ہیں مگر اس زمانے کے عام آدمیوں کی زندگی کا اندازہ صرف اس لیے نہیں لگا سکتے کہ اس زمانے میں اخبار جیسی کوئی چیز نہیں تھی۔ اب تم اگر کسی شہر یا ملک کے بارے میں معلومات حاصل کرنا چاہو تو وہاں سے نکلنے والے دو تین اخبار، کچھ دن پابندی سے پڑھ لو، تمھیں وہاں کی زندگی کا ہر رخ نظر آ جائے گا۔ اس لحاظ سے کم سے کم ہماری تہذیب بہت اچھے وقت سے گزر رہی ہے۔ آج سے دو ہزار سال بعد بھی اگر کوئی ہماری تہذیب کے بارے میں معلومات حاصل کرنا چاہے گا تو اسے معلومات کا خزانہ، یا ہمارے وقت کا مکمل رکارڈ آج کل کے اخباروں میں مل جائے گا۔ یہ اور بات ہے کہ جیسے ہمیں اب پرانی زبانوں کے پڑھنے اور سمجھنے میں وقت ہوتی ہے، اب سے دو ہزار سال بعد کا طالب علم بھی ہماری زبان آسانی سے نہ پڑھ سکے۔

مگر ہاں، ابھی ایک کمی ہے دنیا کے اخباروں میں۔ ابھی تک دنیا بھر میں صرف بڑوں کے لیے اخبار نکلتے ہیں، بچوں کا کوئی اخبار نہیں نکلتا۔ بچوں کے رسالے تو خیر پہلے سے ہندوستان میں بھی نکلنا شروع ہو گئے تھے، جن میں سب سے پہلے تو کلکتے سے بنگالی میں ہی نکلتے تھے، مگر 1902 میں اردو میں بھی پہلا رسالہ بچوں کا اخبار نام سے محبوب عالم صاحب

نے نکالا تھا جس کے متعلق تم پہلے بھی پڑھ چکے ہو۔ اور آج کل تو ہر زبان میں بچوں کے لیے سیکڑوں رسالے نظر آتے ہیں مگر افسوس ہے کہ ابھی بچوں کا اخبار نکالنے کی کوئی خاص کوشش نہیں کی گئی۔

اب نہ معلوم اخبار کے بارے میں اتنا جاننے کے بعد تمھیں یہ خیال اچھا بھی لگے گا یا نہیں کہ جیسے تمہارے گھر میں تمہارے بزرگوں کے لیے ایک اخبار ہر صبح کو آتا ہے، اسی طرح گھر کے سب بچوں کے لیے بھی ایک اخبار الگ آئے، جس میں تمہاری دلچسپی کی خبریں ہوں، کھیل کود، ڈراموں، اسکولوں کے پروگراموں، مقابلوں وغیرہ کی خبریں، بچوں کے مضمون نظمیں وغیرہ۔ خیر آٹے ہیں نمک جتنی اگر دنیا کی سیاسی خبریں بھی ہوں تو کوئی حرج نہیں ہے۔

اخباروں کی ذمے داری

جی ہاں! اخباروں کی بھی کچھ ذمے داری ہوتی ہے۔ تم نے اس کہانی میں کئی جگہ یہ بات پڑھی ہے کہ اخبار آج کی دنیا میں ایک بہترین ہتھیار مانا جاتا ہے اور اکبر الٰہ آبادی کا وہ مزاحیہ شعر بھی سن چکے ہو:

کھینچو نہ کمانوں کو نہ تلوار نکالو
گر توپ مقابل ہو تو اخبار نکالو

اور تم یہ بھی جانتے ہو کہ ہر ہتھیار فائدہ بھی پہنچا سکتا ہے اور نقصان بھی۔ ملک کے سپاہی کی بندوق اور ایک ڈاکو کی بندوق میں جو فرق ہوتا ہے، اس سے کہیں زیادہ خطرناک فرق اچھے اور برے اخبار میں ہوتا ہے۔ چونکہ ڈاکو کی بندوق صرف گنتی کے لوگوں کو نقصان پہنچا سکتی ہے مگر خراب اخبار پوری قوم اور ملک کو نقصان پہنچاتا ہے۔

شاید ایسی ہی کچھ باتیں ہمارے بابائے قوم مہاتما گاندھی کے ذہن میں رہی ہوں گی،

جب ہی انھوں نے ایک اچھے اخبار کے مقصد کو چند لفظوں میں لیکن آئینے کی طرح صاف طور پر بیان کر دیا تھا۔ ان کا کہنا تھا۔

''اخبار کا ایک مقصد عام آدمیوں کے احساسات کو پوری طرح سمجھنا اور ان کو ظاہر کرنا ہے۔ دوسرا مقصد عام لوگوں میں کچھ ایسے جذبات پیدا کرنا اور انھیں ابھارنا ہے جن کی (ملک اور قوم) کو ضرورت ہو، اور تیسرا مقصد عام زندگی کی کمزوریوں اور خرابیوں کو بے جھجک ظاہر کرنا ہے''۔

گاندھی جی کے اس بیان پر ذرا سا غور کیا جائے تو اندازہ ہو جائے گا کہ وہ بھی اخبار کو بڑے کام کا ہتھیار سمجھتے تھے۔ وہ صرف یہی نہیں چاہتے تھے کہ اخبار کے ذریعے عام لوگوں کے احساسات کو ظاہر کر دیا جائے۔ چاہے وہ اچھے ہوں یا برے۔ وہ ساتھ ہی ساتھ ان میں کچھ اچھے جذبات پیدا کرنے کو بھی اخبار کا ہی مقصد مانتے تھے۔ وہ اخبار کو عام آدمی کی تعلیم اور اسے ایک اچھا شہری بنانے کے لیے ایک ٹریننگ دینے کا ذریعہ بھی جانتے تھے۔ چنانچہ انھوں نے اپنے اخبار ہریجن کے ذریعے اور دوسرے اخباروں رسالوں میں اپنے مضمونوں کے ذریعے یہی کام انجام دیا۔

اور پھر جمہوری حکومت۔ جس میں ہم اور تم آج رہتے ہیں، اس کی تو بنیاد ہی اچھے اخباروں کو کہا جا سکتا ہے۔ جب تک عوام کی حالت کا صحیح صحیح اندازہ حکومت کو نہیں ہوتا رہے گا، ان کی بھلائی اور ترقی کے لیے صحیح کام کیے ہی نہیں جا سکتے۔ چنانچہ دنیا کے جن جن ملکوں میں جمہوری حکومت ہے، وہاں اخبار بھی بہت مضبوط ہیں۔ اس سلسلے میں یونائٹیڈ اسٹیٹس آف امریکہ (U.S.A) کے تیسرے صدر ٹامس جیفرسن (Thomas Jaffer Son) نے تو سچ مچ بڑی حیرتناک بات کہی تھی۔ ان کے اس قول سے اندازہ ہو جاتا ہے کہ وہ اپنے ملک میں اُبھرتے ہوئے جمہوری نظام کے لیے اخباروں کو کتنا ضروری

سمجھتے تھے۔ انھوں نے کہا تھا:

اگر اس بات کا فیصلہ صرف مجھ پر ہی چھوڑا جائے کہ کیا ہمیں بغیر اخباروں کے حکومت منظور ہے یا کوئی ایسی صورت کہ جس میں اخبار موجود ہوں اور حکومت نہ ہو، تو میں دوسری صورت کے حق میں فیصلہ سنانے میں ایک لمحے کی دیر بھی نہیں کروں گا۔۔۔

لیکن یہ بات بھی پوری طرح مانی جاتی ہے کہ، آزادی اپنے ساتھ بہت بڑی ذمے داری بھی لاتی ہے۔ چنانچہ اخباروں کا پوری طرح آزاد ہونا، اور جو جی چاہے لکھ دینا، فائدے سے زیادہ نقصان بھی پہنچا سکتا ہے۔ یہ بات خاص طور پر ہمارے جیسے ملک کے لیے تو بہت ہی اہمیت رکھتی ہے۔ ہمارے ملک کو آزاد ہوئے ابھی سینتیس سال گزرے ہیں۔ یہاں پڑھے لکھے لوگوں کی تعداد دوسرے ترقی یافتہ ملکوں کے مقابلے میں ابھی بہت کم ہے۔ ابھی ہمارا ملک اور اس کے عوام کا بڑا حصہ غریب ہے، اس لیے یہاں کا عام آدمی بڑی مشکل سے کوئی ایک اخبار پڑھ سکتا ہے۔ بلکہ بہت سے لوگ تو خود خرید کر اخبار پڑھ ہی نہیں سکتے۔ اس لیے اگر ہمارے اخبار اپنی ذمے داری کو پوری طرح نہ نبھائیں تو ان کے ذریعے عام آدمیوں کو فائدہ سے زیادہ نقصان بھی پہنچ سکتا ہے۔

اخبار کی بکری بڑھانے کے لیے اس میں گرم گرم، سنسنی خیز اور بھڑکانے والی خبریں دینے کا طریقہ تو بہت پرانا ہے اور اس کی ابتدا بہت پہلے ان ملکوں میں ہی ہو گئی تھی جن سے اخبار دنیا میں پھیلے۔ مگر اتفاق سے وہاں تعلیم بھی اخباروں کے ساتھ ہی ساتھ پھیلی۔ اس لیے اگر ایسے جھوٹے سچے اخبار نکلتے بھی رہے تو، انھوں نے عام لوگوں کو اتنا نقصان نہیں پہنچایا جتنا ایسے گھٹیا اخبار ہمارے ملک میں پہنچا سکتے ہیں۔

تم بھی جب کوئی اخبار پڑھنے کے لیے چنو تو یہ ضرور دیکھ لینا کہ یہ سنسنی پھیلانے والی خبروں سے تو نہیں بھرا ہے، سچی خبریں دیتا ہے یا اوٹ پٹانگ ہانکتا ہے، خبروں پر اخبار

کی اپنی رائے سنجیدگی اور دلیلوں کے ساتھ دی جاتی ہے یا اس پر کسی خاص طرح کا رنگ چڑھانے کی کوشش کی جاتی ہے، تاکہ پڑھنے والے کے دماغ پر بھی آہستہ آہستہ وہی رنگ چڑھتا چلا جائے۔

خیر اس کا ایک علاج یہ ہے کہ تم کئی اخبار پڑھتے رہو تو صحیح خبریں سمجھنے کی صلاحیت خود بخود پیدا ہو جائے گی۔

شاید اسی بات کو ذہن میں رکھتے ہوئے بعض لوگ کہتے ہیں کہ اخباروں میں وہ چیزیں اتنی اہم نہیں ہوتیں جو لائنوں میں چھپی نظر آتی ہیں، بلکہ وہ زیادہ اہم ہوتی ہیں جو لائنوں کے بیچ میں چھپی ہوتی ہیں۔ اور آسانی سے نظر نہیں آتیں۔

تو یہ تھی ہمارے اس کاغذی دیو، دنیا کی چوتھی طاقت یعنی ہمارے اخبار کی کہانی جس نے آہستہ آہستہ کوئی چار سو سال میں ہماری زندگی کے ہر حصے کو ایک طرح سے جکڑ سا لیا ہے۔ اب تم خود سوچو کہ کیا ان اخباروں کے بغیر ہمارا تمہارا اور پوری دنیا کا کام کچھ دن بھی چل سکتا ہے۔؟ چلو اب ہم اپنی اس کہانی کو اخباروں میں چھپی کچھ دلچسپ اور کچھ حیرتناک خبروں پر ختم کرتے ہیں۔ یہ خبر 28 نومبر 1980 کو ٹائمس آف انڈیا میں چھپی تھی۔

دو سر ایک سر سے اچھے نہیں ہوتے!

بیجنگ (پیکنگ) نومبر 26 (اے۔ ایف۔ پی) ایک چھتیس سال کا چینی، جنوبی چین کے ینان صوبے میں اپنے دو (2) سروں میں سے، سرجنوں کی مدد سے، ایک سر کٹوا کر اب صحت پا رہا ہے۔

(این۔ سی۔ نیوز۔ ایجنسی نے خبر دی ہے)

رانگ زی پنگ جو (2) سر لے کر پیدا ہوا تھا، اس نے پچھلے سال اپنا ایک سر کٹوا دیا

تھا۔

جب وہ کچھ کھاتا تھا، منہ چلاتا تھا یا ہونٹوں سے سیٹی بجاتا تھا تو اس کے بیکار والے چہرے میں (جو اصلی سَر کے دائیں طرف اگ آیا تھا) ویسی ہی حرکت ہوتی تھی۔

اس کے کٹے ہوئے سر پر لیبوریٹری میں تجربات کرنے پر پتہ چلا کہ اس میں دماغ کے ایسے خلیے موجود تھے جو پوری طرح مکمل نہیں ہو سکے تھے، اور اس سر کا اعصابی نظام اس کے اصلی سر سے جڑا ہوا تھا۔

این۔ سی۔ نیوز ایجنسی نے بتایا ہے کہ زانگ پر ایک رنگین فِلم کی چین اور دوسرے ملکوں میں نمائش کی جائے گی۔

کہو، ہے نا کچھ حیرت ناک خبر! اچھا اب آخر میں ایک مزے دار خبر سن لو۔ یہ بھی اسی اخبار میں 3 دسمبر 1980 کو چھپی تھی۔

150 میٹر لمبے کیک میں 7000 حصے دار

پی، ٹی، آئی نے خبر دی ہے کہ 150 میٹر لمبا کیک، جس کا وزن 750 کلو گرام تھا، جو شاید اب تک کا سب سے لمبا کیک ہو گا، اسے اسٹاک ہوم کے شمال میں سنڈس وال نام کی ایک جگہ پر 7000 آدمیوں نے کھایا۔

اس کیک کو وہاں کے ایک شام کو نکلنے والے مشہور اخبار الٹون بلاڈٹ (Alton Bladet) نے اپنی ایک سو پچاسویں سالگرہ کی خوشی میں پیش کیا تھا۔ اس کیک کو وہاں کی بیکری میں کام کرنے والے لوگوں کی ایک ٹولی نے سو گھنٹے میں تیار کیا تھا۔

(۷) ساتواں باب: ملک کی مختلف زبانوں کے اخبار

ملک بھر میں ہندوستانی زبانوں میں نکلنے والے کچھ خاص اخباروں کے نام اور مقام (سنہ 1980-81ء کے دوران۔۔۔)

اخبار کا نام	زبان	شہر
آنند بازار پتریکا	بنگالی	کلکتہ
جُگنتر	بنگالی	کلکتہ
دِنامانی	تامل	مدورائی
پرجاوانی	کنڑ	بنگلور
بامبے سماچار	گجراتی	بمبئی
گجرات سماچار	گجراتی	احمد آباد
سندیش	گجراتی	احمد آباد
لوک ستّا	مراٹھی	بمبئی
مہاراشٹر اٹائمس	مراٹھی	بمبئی
ملیالا منورما	ملیالم	کوٹایام، کالی کٹ، کوچین
ماتھر وبھومی	ملیالم	کالی کٹ تریواندرم
کیرالا کومودی	ملیالم	تریواندرم

نو بھارت ٹائمس	ہندی	دہلی
ہندوستان	ہندی	دہلی
نئی دنیا	ہندی	اندور
پنجاب کیسری	ہندی	جالندھر

اردو اخبار

ہند سماچار	اردو	جالندھر
سیاست	اردو	حیدر آباد
پرتاپ	اردو	دہلی
ملاپ	اردو	دہلی
قومی آواز	اردو	لکھنؤ

✽ ✽ ✽

ہندوستان کے کتب خانوں سے متعلق مضامین

کتب خانے :
لفظوں کے روشن مینار

مرتبہ : مکرم نیاز

بین الاقوامی ایڈیشن منظر عام پر آ چکا ہے